フビライ・ハーンの霊言

世界帝国・集団的自衛権・憲法9条を問う

本霊言は、2014年4月24日(写真上・下)、幸福の科学総合本部にて、
質問者との対話形式で公開収録された。

まえがき

私は二〇一〇年十一月に「『世界皇帝をめざす男』――習近平の本心に迫る――」（幸福実現党／幸福の科学出版）を刊行し、今の中国・国家主席、習近平がモンゴル帝国を建てたチンギス・ハーンの生まれ変わりであり、世界帝国建設の野望を持っていることを指摘した。当時の弱腰政権である民主党政権では、とうてい太刀打《たちう》ちできないので、『幸福実現党』を通して、国防の強化を訴え続けた。今の自民党安倍政権は、基本的にこの路線で動いていると思う。

本書は、このチンギス・ハーンを継《つ》ぐ者、中国元朝の初代皇帝ともなったフビライ・ハーンの登場を予言する書である。彼はおそらく、愛と慈悲の神ではなく、裁きと恐怖の神の系譜《けいふ》を引く、レプタリアン系の中心人物だろう。
二度の日本攻めで、神風《かみかぜ》に敗《やぶ》れたので、今度は原爆二発でお返しをしてやったとのたまう、この男の正体を明らかにした本書は、今後の日本外交においても、バイブル的存在となるだろう。

二〇一四年　四月二十六日

幸福《こうふく》の科学《かがく》グループ創始者兼総裁《そうししゃけんそうさい》　大川隆法《おおかわりゅうほう》

フビライ・ハーンの霊言　目次

フビライ・ハーンの霊言

――世界帝国・集団的自衛権・憲法9条を問う――

二〇一四年四月二十四日　収録
東京都・幸福の科学総合本部にて

6　憲法9条と集団的自衛権を問う　115

「霊言現象《れいげん》」とは、あの世の霊存在の言葉を語り下ろす現象のことをいう。これは高度な悟《さと》りを開いた者に特有のものであり、「霊媒現象《れいばい》」（トランス状態になって意識を失い、霊が一方的にしゃべる現象）とは異なる。外国人霊の霊言の場合には、霊言現象を行う者の言語中枢《ちゅうすう》から、必要な言葉を選び出し、日本語で語ることも可能である。

なお、「霊言」は、あくまでも霊人の意見であり、幸福の科学グループとしての見解と矛盾《むじゅん》する内容を含《ふく》む場合がある点、付記しておきたい。

フビライ・ハーンの霊言

――世界帝国・集団的自衛権・憲法9条を問う――

二〇一四年四月二十四日　収録

東京都・幸福の科学総合本部にて

フビライ・ハーン（一二一五〜一二九四）

モンゴル帝国の第五代ハーン。モンゴル帝国の創始者チンギス・ハーンの孫として生まれる。一二六〇年、ハーンに即位。大都（現在の北京《ペキン》）に遷都《せんと》し、中国式の国号を採用して「元朝《げんちょう》」を創始した（元朝の初代皇帝となる）。その後、南宋《なんそう》を滅《ほろ》ぼして中国を統一し、朝鮮半島の高麗《こうらい》等を服属させたが、日本への二度にわたる遠征、いわゆる元寇《げんこう》は失敗した。

質問者　※質問順

里村英一《さとむらえいいち》（幸福の科学専務理事〔広報・マーケティング企画《きかく》担当〕）

綾織次郎《あやおりじろう》（幸福の科学上級理事 兼《けん》「ザ・リバティ」編集長 兼 幸福の科学大学講師※）

吉川枝里《よしかわえり》（幸福の科学第五編集局長）

［役職は収録時点のもの］

※幸福の科学大学（仮称）は、2015年開学に向けて設置認可申請中につき、大学の役職については就任予定のものです。

1 「障《さわ》り」がある感じがする「フビライ・ハーンの霊言」

アメリカからウオッチされている幸福の科学

大川隆法　昨日の午後、総合本部から「『フビライ・ハーンの霊言』をしてもらえないか」という要望を頂いたのですが、できなくて、一日経《た》って今朝もウンウン言っていたのですが、一応、頑張ってみようかと思っています。トライしてみますが、何か「障《さわ》り」があるような感じがします。

ちょうど今、アメリカ大統領が日本に来ているところで（収録当時）、外交面が非常に騒《さわ》がしく、念波《ねんぱ》が飛び交《か》っているのですが、そのことと何らかの絡《から》みが

日米共同声明発表における米オバマ大統領（左）と安倍首相（右）。（2014年4月25日、東京）

あるかもしれません。そのへんは少し分かりません。

昨日の朝も、仕事をしようと思ったところ、英語をしゃべる霊人が出てきました。ワンワン言ってきたので、話し相手をすると、結局、名前は分かりませんでしたが、アメリカ大使館関係で、ＣＩＡ系統の人（守護霊）のようでした。その霊人によると、「幸福の科学はすでに諜報《ちょうほう》の対象になっている」とのことです。

また、「自分はケネディ大使を補佐《ほさ》している」と言ったり、「オバマ大統領の守護霊インタビューが、安倍首相とのタフネゴシエーションの前に、政治家やマスコミ、国民に知られるのは、実に困る。手の内を読まれるのは困るので、広告が載《の》らないように圧力をかけている」と言ったりしていました。

しかし、一応、毎日新聞で、昨日（二十三日）は大阪本社版に、今日（二十四日）は東京本社版に広告が出たので、一つは破れています。まあ、信教の自由のほうをお取りになったのかどうかは知りません。

最近、テーマとしては、ジャーナリスティックなものが多くなってきたので、マスコミ系統には、ある意味で、何とも言えない競争のようなものもあるのかもしれません。新しい霊言を出しても広告掲載を抵抗し始めていて、『小保方晴子《おぼかたはるこ》さん守護霊インタビュー　それでも「STAP細胞」は存在する』（幸福の科学出版刊）のときも、広告を出すのに苦労しました。結局、毎日新聞にしか載りませんでした。

『オバマ大統領の新・守護霊メッセージ』と『プーチン大統領の新・守護霊メッセージ』の広告は、今日、毎日新聞に出ましたが、産経新聞は「オバマさんが日本を立ち去ったあと、載せる」というように言っているらしく、みな、ビリビリしているというか、怖《こわ》いのでしょう。

実際、昨日の夜、オバマさんが、パフォーマンスとして、（安倍首相と）銀座の寿司《すし》屋に食べに行くとい

『オバマ大統領の新・守護霊メッセージ』
（幸福の科学出版刊）

『プーチン大統領の新・守護霊メッセージ』
（幸福の科学出版刊）

うことで、街は警官だらけで、人だかりもできて、ものすごい状態になっていました。向こうは、アメリカから車を持ってくるほどの用心深さで、日本も、警官を一万六千人動員したようです。そのようにして、オバマさんの地上の肉体をみなで守っているのですが、精神面は守れないのです。

これを、何とかしてブロックしたいのでしょうが、コンピュータでハッキングをし、不正侵入してくる場合は、向こうはガードできるものの、当会の場合、コンピュータのハッキングとは違うかたちで入ってくるので、止められないのです。こうして情報を取りに入ってくるものを防ぐのは、やはり大変なわけです。

アメリカの場合、外交交渉や軍事的な戦略においてもＥＳＰ（超能力）をかなり使っているので、こういうやり口は知っているわけですが、「日本では、よくやるやり方なのかどうか」はよく分からないらしいし、「どの程度まで信じられているか」も分からないらしいのです。ただ、当会はすでにウオッチされているようで、昨日は動けませんでした。アメリカについては、そういうことです。

今回の霊言では、あっと驚《おどろ》く結論が出るかもしれない

大川隆法　それから、今日は、フビライ・ハーンの霊言を録《と》ろうとしていますが、何となく、〝厳しい感じ〟を受けています。

当会の指導霊の何人かに、「フビライ・ハーンが今、生まれ変わっているとしたら、どこの国の誰か分かりますか」と訊《き》いてみたのですが、みな答えません。「それは、出てくるとは思うよ。ただ、知らないほうがいいかもしれない」「実際やってみないと分からない部分の楽しみもあろうから、あえて名前は教えない」と言うのです。

みな、「教えない」ということですが、予想されることとしては、「習近平《しゅうきんぺい》が覇権《はけん》主義をとっているが、その後継《こうけい》者か何かで出てくるのではないか」ということです。それを恐《おそ》れて、今、幸福実現党をはじめ、いろいろと備えをし、たくさん〝弾《たま》〟を撃《う》っているわけですけれども、さて、そういうかたちで本当に出てくるでしょうか。

もしかしたら、中国と対立するような所に出ている可能性もないとは言えません。

あるいは、日本ということも、あるかもしれませんし、当会と利害関係があるような人として出てくることも、ないとは言えません。

この前、「項羽《こうう》と劉邦《りゅうほう》の霊言」を録ったところ、最終的には、あっと驚《おどろ》く結論が出てきました（『項羽と劉邦の霊言 項羽編—勇気とは何か』『項羽と劉邦の霊言 劉邦編—天下統一の秘術』〔共に幸福の科学出版刊〕参照）。

そのようなこともあるので、何が出てくるかは分からないのです。まさか、土俵の上で日本を制覇《せいは》したような、モンゴル相撲《ずもう》の力士として出てくるのではないかと思ったりして（笑）。「天皇の代わりに、横綱《よこづな》を投げ飛ばした」などと言って、出てきたりしないだろうねと、冗談《じょうだん》半分に話をしていたのですが。

ということで、ぼやっとしています。私も、あえて深く考えないことにしているのですが、先ほどから、どうも薄《うす》らぼんやりした感じがしていて、いつもと違うのです。

過去には、地獄へ堕《お》ちた人の霊言もしているので、そういう可能性もないわけではありません。いろいろと支配したことが、もし「悪」のほうになっているのであれば、大魔王的な存在である可能性もありますが、この人をそう捉《とら》えていない歴史家もいます。

チンギス・ハーン（ジンギスカン）がモンゴル帝国を築いたあと、五代目のフビライ・ハーンが、中国に元朝《げんちょう》を立てて初代皇帝になっています。そして、日本に二回攻めてきています。日本史で勉強する、一二七四年の文永《ぶんえい》の役《えき》と、一二八一年の弘安《こうあん》の役です。二回、大軍で攻めてきて、日本は占領される危機にさらされました。日本が占領される危機というのは、それが最初かと思います。

ところが、「神風」が吹いて、そのあと、伊勢神宮がものすごく盛り上がったというか、大

元寇（蒙古襲来）の図。〔蒙古襲来絵詞《えことば》より〕

きくなって、尊敬されたのです。神風が吹いたことで、「信仰が高まった」ということがあったわけですが、そこに、どういう意味があったのかは分かりません。

当時、元軍は、日本以外でも、ベトナムでもかなり苦戦していますし、ジャカルタでも敗戦しています。陸上で騎兵《きへい》を使うのが強い軍隊だったので、海を使っての海外遠征は難しかったのかもしれません。当時の造船技術から見て難しかったのかもしれないので、それは当然だったのかもしれません。

ただ、少なくとも、「アジアから起きた国が、ヨーロッパまで占領に入った」というのは、これが初めてです。

ですから、「フビライ・ハーンは、向こうのナポレオンやアレキサンダーの〝逆バージョン〟だったのかどうか」「それは天意に沿ったものだったのかどうか」、あるいは、「今、新たなアジアの危機やアメリカとの拮抗《きっこう》に、何らかの役割を果たしているのか否か」、まあ、このへんは非常に興味があるところではあります。

今回、ピシッとすぐに突き止められるか、それとも、ウナギを捕《つか》まえる感じになるか、分からないままで終わるか、あるいは、私がギブアップして「もう無理です」と言うようになるか、そのへんは分かりません。

まあ、今日は、質問者にベテランがいるので、大丈夫とは思います。（吉川を見て）万一《まんいつ》の場合に備えて、〝色仕掛《じか》け歴女《れきじょ》〟を用意したということですね（笑）。そういうこともありうるかもしれません。

フビライ・ハーンを招霊する

大川隆法　それでは、やってみます。今のところ、指導霊は誰も名前を教えてくれないので、私は、（フビライの霊とは）まだ話をしていません。

（質問者に）お願いしますね。もし地獄の帝王のようになった場合は、それなりに上手に相手をしてください。ただ、違うかもしれません。

「英雄《えいゆう》か、悪魔的なものか」ということの判定基準は本当に難しくて、分かりません。一人殺せば「悪人」ですが、何十万人、何百万人殺したら、「大英雄」になることもあるのです。このへんは本当に秘密であり、ほかの宗教家や宗教には分からない部分ですし、歴史家にも判定が非常に難しいところです。マスコミにも、このへんは分からない部分でしょう。

では、やってみます。

里村　お願いします。

大川隆法　（両手を顔の高さに上げ、手のひらを前に向けて、瞑目《めいもく》する）

モンゴル帝国創始者チンギス・ハーンの末裔《まつえい》にして、モンゴル帝国の五代目であり、中国・元朝の初代皇帝のフビライ・ハーン、世祖《せいそ》をお呼びしたいと思います。

フビライ・ハーンよ。あなたは、かつて、日本の鎌倉時代に、文永の役や弘安の役で大挙して日本を攻め、日本とも戦い、また、世界各地を支配して世界帝国を建てるべく、試みました。その世界史的な位置づけがどうであるのかを、われわれは知りたいし、今また、中国が拡張期に入っており、世界への覇権を目指しているように見えますが、あなたの目には、それがどのように見えているのか。また、今どのようなお立場でそれを見ておられるのか。あるいは、現在の世界に直接かかわるようなことがあるのか。この世に出ておられるようなことがあるのか。われわれにとっては幾《いく》つかの疑問があります。

どうか、隠すことなく、心置きなく、思うところを述べたまえ。

たとえ、われわれが予想しているような結論ではない結論になったとしても、われわれは、霊界の人たちの「言論の自由」を許しておりますので、飾《かざ》ることなく、偽《いつわ》ることなく、本当のことをお教えくださいますことを、心の底よりお願い申し上げます。

中国・元朝初代皇帝、世祖、フビライ・ハーンの霊よ。どうか幸福の科学総合本部に降りたまいて、われらにその心を教えたまえ。

元朝初代皇帝フビライ・ハーン、世祖の霊よ。どうか幸福の科学総合本部に降りたまいて、その心の内を明かしたまえ。

フビライ・ハーンの霊よ。フビライ・ハーンの霊よ。フビライ・ハーンの霊よ。どうか幸福の科学総合本部に降りたまいて、その心の内を明かしたまえ。フビライ・ハーンの霊よ。フビライ・ハーンの霊よ。フビライ・ハーンの霊よ。どうか幸福の科学総合本部に降りたまいて、その心の内を明かしたまえ。

（約五十五秒間の沈黙《ちんもく》）

2 歴史に遺《のこ》る人物像とは異なるフビライ・ハーン

質問に応じようとしないフビライの霊

フビライ　うーん……。

里村　世祖《せいそ》、フビライ皇帝でいらっしゃいますか。

フビライ　うーん……、うーん。

里村　フビライ皇帝であられますか。

フビライ　うーん？

里村　本日は、幸福の科学総合本部にフビライ皇帝に降臨いただき、光栄至極《しごく》に存じます。

フビライ　うーん……。

里村　今日、幾《いく》つか質問させていただきますが、よろしいでしょうか。

フビライ　うん、うーん（首を横に振る）。

里村　よくない？

フビライ　うん。

里村　今、世界も非常にいろいろと動いておりまして……。

フビライ　うーん……。

里村　世界帝国を築いた皇帝として、歴史に遺《のこ》るフビライ皇帝から、お知恵《ちえ》を聴かせていただく大変貴重な機会だと考えておりますので、何卒《なにとぞ》お考えを聴かせていただきたいと思います。

フビライ　うん、うーん（首を横に振る）。

里村　現代、中国はまた拡張期に入っております。大きな国はほかにもございますが、フビライ皇帝の目から、どのように見えるのでしょうか。これをお聴かせいただきたいと思います。

フビライ　うーん（首を横に振る）。

里村　また、世界帝国、そもそも大元帝国を築かれた秘訣《ひけつ》等をお聴かせいただきたいと思います。

フビライ　うーん（首を横に振る）。

里村　それでは、どのようなことなら、お話しいただけますでしょうか。

フビライ　うーん、うーん……。

里村　今、ご気分はどうでございましょうか。

フビライ　うーん（舌打ち）。

里村　こういうかたちでお話しされるのは、おそらく初めてではないかと思うのですが。

フビライ　うんうん（軽くうなずく）。

里村　いかがでございましょうか。

フビライ　うーん。うーん……。

里村　ご気分は、麗《うるわ》しく存じますでしょうか。

フビライ　うーん（首を横に振る）。

里村　あまり……。

フビライ　うーん。うーん。（ふんぞり返って）ウワアッ！

里村　はい。

フビライ　うん！（舌打ち）ああ。

土下座《どげざ》して頼むのが筋？

綾織　何かご希望はありますか。

フビライ　あっ？

綾織　ご希望は何かございますでしょうか。

フビライ　うーん（舌打ち）。何だ？

里村　質問者に何かご不満がございましたら、あれですけども。

フビライ　死刑《しけい》だ。

里村　え？　死刑（笑）？　いや、ぜひ皇帝の寛容《かんよう》なお心で受け止めていただきたいと思います。

フビライ　死刑だ。打ち首にせよ。

綾織　その理由は何でしょうか。

フビライ　気に食《く》わん。

里村　どういう点が気に食わないのでしょうか。

フビライ　（床を指差して）土下座《どげざ》して、頼むのが筋だよ。うん？　対等にしゃべろうと……。

里村　いや、決して、対等というつもりはございません。

フビライ　（手を地面につけるしぐさをしながら）こうやってやるんだ、三回くらい。

里村　はい。もちろんさせていただきます（椅子《いす》に座ったまま拝跪《はいき》する）。

フビライ　（舌打ち）威張《いば》りよって。

里村　いえいえ。

フビライ　ネクタイなんかするなよ。ええ?

里村　現代においては、皇帝にお会いするための礼儀でございますから。

フビライ　フンッ、バカらしい。

里村　バカらしいと?

フビライ　バカらしい。

里村　どういう点がバカらしいと?

フビライ　西洋かぶれ。

里村　それでは、ぜひ、お伺《うかが》いしたいのですが、フビライ皇帝は、モンゴルから中国に進出して、大きな帝国・元をつくられました。あのとき、皇帝は、モンゴル勢力の人から「中国にかぶれた」と……。

フビライ　あっ？　何て？

里村　当時、皇帝も、一部のモンゴル勢力の方たちから、「モンゴルの習俗《しゅうぞく》や習慣を捨てて、中国風にするのか」ということを言われましたが……。

フビライ　処刑、処刑！

里村　いえいえ（苦笑）。それで世界帝国を築かれました。

フビライ　処刑、処刑。連れていけ。誰か処刑しろ！

「元」という国名に込めた意味とは

里村　恐《おそ》れ入りますが、モンゴル帝国を、どうして元という国にされたのでしょうか。

フビライ　うーん？

里村　モンゴルを大元帝国というふうに……。

フビライ　わしの勝手だ。おまえの勝手ではない。

里村　もちろん、私はそんなことは思いませんけれども、どのようなお考え、ご意図で？

フビライ　「元」は、「はじめ」だよ。「はじめ」という意味だろう？　うん。こっから始まる。

里村　ということは、皇帝としては、新しい時代の幕開けを……。

フビライ　くっだらねえな、おまえの話は、ほんっとにまあ……。早く、首斬《き》り役人はまだ来ぬか。ああ？　見世物を早くしてやれや。ほんとに。

モンゴル帝国の最大領域（13世紀後半）

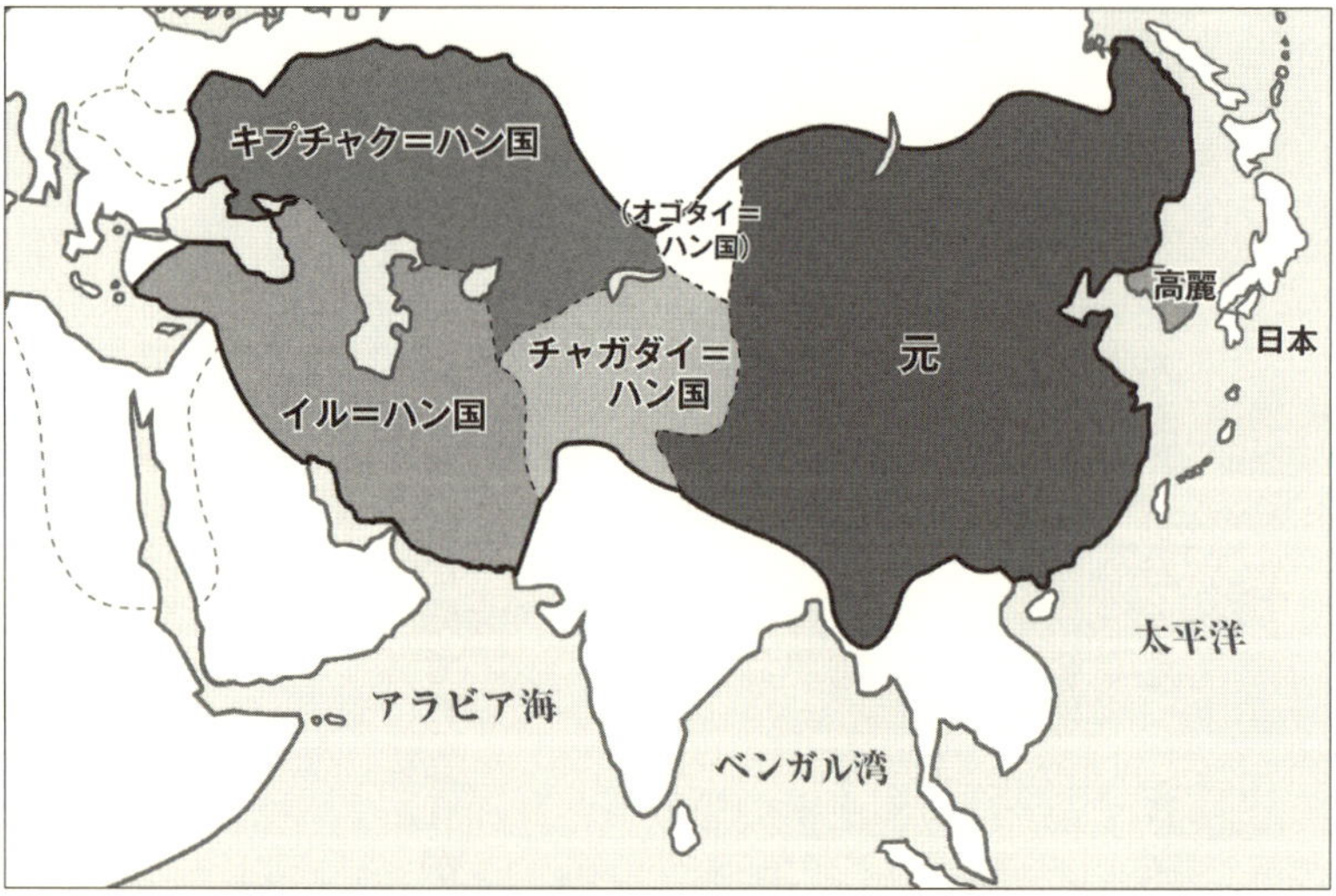

東ヨーロッパ、中国など、ユーラシア大陸の広域を治めた。

里村　あのような広大な帝国を築かれた秘訣というものを、ぜひお教えいただきたいと思うのです。

フビライ　くっだらねえ。くっだらねえ！　ほかのやつが弱かっただけだよ、ほんとに。

里村　皇帝が強すぎたのではございませんか。

フビライ　当然だよ。そんなの当たり前だよ。

「世界はすべてわしのもの」という認識

綾織　となると、日本については、どう思われていますか。

フビライ　虫けらみたいな国だ。

綾織　虫けら……だったわけですか。

フビライ　虫けら以下だ。まだ生き残っとる。ほんっとに、踏《ふ》み潰《つぶ》してやりたいわ（舌打ち）。

里村　わずか七年の間に日本に二回攻めてこられました。

フビライ　いやあ。ちょっと手を抜いたしなあ、まあ、うまく行かなかった……。でも、朝鮮の、あの兵たちが、ほんっとに腰抜けばっかりだからさあ。あんなの使ったのが間違いだ、ほんっとに。
　おんぼろ船つくって。今も船沈《しず》んどるから、ほんっとにもう駄目《だめ》じゃないか。あの国はもうなくなるぜ、ほんと。ぶっ潰してまえ、あんなもん。

里村　なぜ日本を攻めたのでしょうか。

フビライ　男なら犯《おか》しまくりたいだろうが？　ええ？

里村　はあ。

フビライ　まあ、「やれるとこまでやってみい」っちゅうとこだなあ。

里村　拡張欲、征服《せいふく》欲でもって、どんどん進まれたと？

フビライ　おまえ、言葉を選んどらんのは死刑よ。もう一回。ああ？

里村　いやいや、すみません。そのようなことは、男として生まれたならば〝当然〟だとは思いますが……。

フビライ　拡張欲はだな……。
　なんちゅうこと言うんだよ。もともと全部わしのものじゃ。何言ってるんだ。バカ野郎。

里村　世界は皇帝のものだと？

フビライ　わしのもんだ。わしのものをほかの国が取っとるから、「返せ」と言ってるだけであって、日本なんか、こんなの国じゃねえんだ。島なんだからさあ。朝貢《ちょうこう》しとりゃええんだから、何を頑張ってんだ。バカ野郎。

綾織　世界はすべてフビライ皇帝のもの？

フビライ　そらあ、わしのもんじゃ。わしが地球をつくったんや。

里村　「日本は国ではない」とおっしゃいますけれども。

フビライ　国じゃないよ、こんなの。国のうちに入っとらんわ。

里村　かつて隋《ずい》という国から遣《つか》いが来たとき、日本の聖徳太子《しょうとくたいし》という方が、今の言葉でいう「対等外交」のようなものをしたことがあったのです。

フビライ　あんな、くそ生意気なこと、許すわけないだろう、そら、もう潰さないかん。

里村　「世界はもともと私のものだ。私がつくった」と？

フビライ　わしのものだ、全部。

祖父チンギス・ハーンより自分のほうが偉《えら》い

里村　それでは、お伺いしますが、おじいさまに当たられるチンギス・ハーンについては、どのようにご覧になっているでしょうか。

フビライ　まあ、「草原の覇者《はしゃ》」だろうな。

里村　草原の覇者？　尊敬されていますか。

フビライ　わしのほうがずっと偉《えら》い。

里村　皇帝のほうがずっと偉い？

フビライ　うーん。

里村　それでは、チンギス・ハーンがやった事業というのは、皇帝の目から見て、どのようにご覧になりますか。

フビライ　まあ、〝お掃除《そうじ》〟してたんじゃないの？　〝玄関〟を。

里村　つまり、フビライ皇帝のための準備をしていたと？

フビライ　まあ、そういうことかなあ。

里村　モンゴルでは、大変な英雄《えいゆう》だと思うのですが。

フビライ　誰が？

里村　チンギス・ハーンもです。

フビライ　誰が？

里村　チンギス・ハーンです。

フビライ　あれが英雄か。ああ、そうか。日本人に比べりゃあな。それはそうだ。うーん。

里村　皇帝から見たら、まだまだ英雄の範疇《はんちゅう》に入らない？

フビライ　うーん。英雄は、君らの顔を見るなり、もう処刑するんだよ。

里村　フビライ皇帝は、南宋《なんそう》を滅《ほろ》ぼすとき、「なるべく殺さないように」とおっしゃったという記録が、歴史には遺っていますが。

フビライ　女はな。

里村　え？

フビライ　女は選ばな、いかんから。

里村　歴史に遺っているフビライ皇帝の風貌《ふうぼう》というか、様子とは、やや違う感じがするのですが。

フビライ　そらあ、言うことをきかん書き方をしたら、みんな、処刑するもんな。ほめ称《たた》える以外に道はないのだよ。わしは〝神〟なんだから！

里村　神様?

フビライ　うーん。〝神〟なんだからさあ。〝神〟を批判することはできない。

綾織　神というのは、中国のなかの神ですか。

フビライ　アホな。何回、言わせる? おまえは低脳か。

綾織　いえ。

フビライ　「世界はわしのもんじゃ」と言うとるじゃないか、もとから。

綾織　世界の神だと?

フビライ　それがちょっと留守《るす》してる間に、いっぱい取られたから、取り返しに入っただけや。

里村　ただ、皇帝が治世《ちせい》された当時も、ベトナムやジャワへの遠征は失敗されました。

フビライ　いやあ、何度でも潰したるよ、うーん。それで済むと思うたら大間違いや。

いろいろな人材を登用したのは「わし」ではなく「宰相《さいしょう》」

里村　皇帝は、モンゴルの方たちだけではなく、いろいろな宗教や民族の方を抜擢《ばってき》して非常によく使われました。

フビライ　それは、わしじゃなくてなあ、宰相《さいしょう》の仕事だよ。

里村　そういう抜擢人事などですか。

フビライ　うん、宰相がな。まあ、そういう頭のいいのがいたんだよ。

里村　皇帝の、そういうご意思はあったのでしょうか。

フビライ　よく使える番頭がおったのさ。おまえらみたいな無能な人間じゃなくてな。もうちょっとできるのがおったのさ。

里村　本当に才能ある方が集まってこられましたよね。

フビライ　おまえらに比べりゃあな。

里村　ええ、それは〝もちろん〟でございます。

フビライ皇帝は、税制を変えたり、貿易を栄えさせたりして、大きな繁栄を築かれました。武将としても大変な才能をお持ちですし、政治家としても大変な能力をお持ちだなと、私は考えているのですが。

フビライ　無能な人に言われたって、全然うれしくない。

里村　すみません（苦笑）。

フビライ　うれしくないなあ。

里村　昔から、私は敬服していたのですが。

フビライ　ほんとか。

里村　はい。

フビライ　ほんとか。ほんとか。

里村　ええ。

フビライ　そうか。

里村　ええ。私はなぜかフビライ皇帝……。

フビライ　ああ、奴隷《どれい》で使ったような気がする。

里村　はい？

フビライ　おまえみたいな顔してるやつは、うちの奴隷にいたような気がするわ。

里村　ど、ど、奴隷におりましたですか、こんな顔が（笑）。

フビライ　おまえ、力があるから、荷物を運ぶのをやってたんちゃうか。牛を引っ張ってきたりするぐらい強かったんじゃないか。ええ？　そんなような顔したやつがおったような気がする。

里村　そうでございますか（笑）。

皇帝はそのへんの治世の能力が非常に高くて……。

フビライ　「おまえに言われたくない」って言うてんのよ。ええ？

里村　すみません（笑）。もう、かねてから敬服しております。

フビライ　嘘《うそ》つき。

里村　いや、本当でございますよ。

フビライ　死刑。

里村　いやいや、嘘はついていません。

フビライ　うーん……。

3　元寇《げんこう》と日本への原爆投下の意外な関係

日本に負けたのは、朝鮮の能力が低かったから？

綾織　元寇《げんこう》のとき、当時、日本は北条政権で、北条時宗《ときむね》という執権《しっけん》がいたのですが、この人については、どう思われていますか。

フビライ　何もしてない。風が吹いただけだ。うちの使者を斬《き》っただけだろうが。野蛮《やばん》人が。

綾織　たまたま台風が来たので、退《しりぞ》いていかざるをえなかったと？

『北条時宗の霊言』
（幸福実現党刊）

フビライ　ああ、韓国の造船技術は低いから、駄目《だめ》なんだよ。あいつらは……。沈《しず》みよってから……。

綾織　たまたま不運で負けてしまったと？

フビライ　ああ、こちらは、新兵器、持っとったんだからさあ。負けるわけないいんだ。

里村　新兵器ですか。何でございますか。

フビライ　うーん？

里村　新兵器というのは？

フビライ　まあ、今、何だろうかねえ。砲弾《ほうだん》と機関銃《きかんじゅう》を合わしたようなもんかなあ。

里村　あのとき、日本の鎌倉武士は、破裂する元軍の武器に驚《おどろ》いて、馬から引っ繰り返ったりしましたが。

フビライ　陶器《とうき》で火薬を包《くる》んで、そのなかに弾《はじ》ける鉄片《てっぺん》とかいっぱい仕込んだやつを撃《う》てばなあ、バーンと大きな音が出て、爆竹《ばくちく》みたいな音が出て、火が弾けると同時に、鉄片とか鉄球とか飛ぶのでなあ。周り一面が吹っ飛ぶからさあ。ああいう新兵器で、日本の武士なんか、もうぼろぼろに負けてたなあ（注。日本では「てつはう」と呼ばれる火薬兵器のことと思われる）。

だから、韓国の……、朝鮮の造船技術が悪いから、敗れたんだよ。

里村　そうすると、あれは朝鮮の能力の低さが……。

フビライ　うん。だから、いまだに、ああやって、あんな情けない〝三流国家〟をやっとるんだ（舌打ち）。下請《したう》けもできん。

里村　なぜ、そういう朝鮮兵を使って日本を攻めたのですか。

フビライ　ええ？

里村　なぜ、そういう朝鮮兵を使って日本を攻めたのでしょうか。

フビライ　おまえ、死刑や。

里村　いえいえ（苦笑）。

「最近の戦争で（日本を）やっつけた」

綾織　先ほどの台風というのは「神風」のことですが、日本の神様については、どう思われていますか。

フビライ　いや、「神風」と言われるのは、ちょっと問題あるなあ。その誤解を晴らすために、最近の戦争で、メタメタにやっつけたんやないか。ああん？

綾織　ほお。やっつけた？

フビライ　うん。神風なんて言うとるから、目茶苦茶に潰《つぶ》してやったんやないんか。

綾織　「潰してやった」ですか。

フビライ　うん。

綾織　そういう立場なんですね？

フビライ　うーん。

里村　潰した側にいる？

フビライ　何回も神風が吹くと思うなよ……、バカ野郎。たまたま、台風の季節に当たっただけやんか。ほんとに。

綾織　（第二次大戦のとき）アメリカにいたのですか。

フビライ　ええ？　くだらんこと訊《き》くなよ。ほんっとに。わしは世界を握《にぎ》っとるんだからさあ。

綾織　世界を握るという意味では、おそらく、いろいろな所に生まれていると思うのですが、もしかして、アメリカに生まれ変わって、政治家あるいは軍人をされていませんか。

フビライ　うーん……。まあ、日本やベトナムには、一発ぶちかましてやらないかんとは思っとったけど。

綾織・里村　おお！

里村　確かに、アメリカは、日本、そしてベトナムと戦争をしました。

フビライ　先のなあ、「元寇の仕返し」を一回やったろうと思って……。

里村　近代においては、中国が日本を潰したわけではありません。ですから、アメリカですか。

フビライ　何が？
里村　「フビライ皇帝が日本を潰すために、生まれ変わった国が」です。
フビライ　んな、〝神様〟に対して、何を言うとるんだ。
綾織　神様も、ときどき、地上に生まれられると思います。
フビライ　人間なんちゅうのは、ほんと、糞《ふん》みたいなもんだからさあ。
里村　先の戦争では、なぜ日本が気に食《く》わなかったのですか。
フビライ　そら、〝神様〟だから。

綾織　神様として気に食わなかったと？

フビライ　〝神様〟に恥《はじ》かかした者は……必ず罰《ばち》を受ける。

里村　恥をかかされたのは、いわゆる蒙古襲来《もうこしゅうらい》のときの話ですね？

フビライ　うんうん。

アメリカへの転生を認めたがらないフビライ

綾織　先の大戦のときのアメリカ大統領ですか。

フビライ　うん？

綾織　大統領をされていた？

フビライ　わしは〝神〟だって言うてるんだ！　何を言ってる。ええ？

綾織　いやいや、神も人間に生まれることもあります。

里村　フビライ皇帝としてお生まれになったように、魂《たましい》の一部が地上に生まれることがあるのです。

フビライ　人間みたいな〝虫けら〟は、どうでもええから。知らんわ、そんなの。

里村　以前の霊言のなかに、フビライ皇帝と、同じような波動を感じたことがある大統領がいるのですが。

フビライ　何？　君と？　君と同じ？

里村　いえいえ。アメリカ大統領のなかに、やや似たような感じの方がいるのです。

フビライ　ふーん？　そうかねえ。

綾織　その方も、自分は神だと言っていました。

フビライ　ああそう。神は何人もいるんかねえ。わししかおらんと思うが。

里村　同じ方でいらっしゃいますか。

フビライ　まあ、世界は、もともと、わしのもんだから。

綾織　確かに、「アメリカは、そのときから世界帝国をつくった」とも言えますよね。

里村　そして、「日本人は虫けらだから、原爆を使っても構わない」と思われた？

フビライ　虫けらだよ。うん。

里村　それで、「原爆を使っても構わない」と思われた？

フビライ　わしは、フビライとして呼ばれたんやから、何を訊《き》いとるんだよ。

綾織　記憶の片隅にあるのかと思いますけどね。

里村　今、皇帝のほうから、「蒙古襲来のときの恥を、現代において雪《そそ》いだ」というお話をされたので……。

フビライ　ああ、家来《けらい》。家来がな。

里村　はい？

フビライ　「わしの家来が何かしたか」っていうことか。

綾織　では、アメリカを指導されていたのですか。

フビライ　よう分からんことを言うなあ。

里村　神様としてアメリカへ影響を与えた？

フビライ　うん？　まあ、〝世界の神〟だからね。〝世界の神〟だから、悪は滅《ほろ》ぼさないかんわな。

4　オバマ大統領と習近平《しゅうきんぺい》主席をどう見るか

オバマ大統領の明治神宮参拝に不快感を示す

フビライ　オバマは、なんで明治神宮なんか、今日、ノコノコと行こうとして……、バカ野郎が。あのアホタレは……。あんなとこ行ったら、〝悪魔〟に憑依《ひょうい》されてまうぜ（注。収録のあったこの日の午後、来日中のオバマ大統領は明治神宮を参拝した）。

里村　明治神宮は悪魔がいる場所ですか。

フビライ　当ったり前だろうがっ！　そら、そうや。

綾織　明治大帝は悪魔ですか。

フビライ　そりゃあ、そうだろ！

里村　ええっ！

フビライ　あーん？　違うか。

里村　どうしてですか。

フビライ　何が？

里村　なぜ明治大帝が悪魔で？

フビライ　ペリーが「国開《ひら》け」って言ったのに、なかなか開かんでなあ。外国の言うことときかんとさあ。

あと、戦争ばっかりしてさあ。弱い国のくせにさあ。ほかの国、荒らしまくってさあ。ほんで、世界はもう……、いっぱい戦争の流れつくったのは、あいつや。「わしの国を、世界帝国を荒らすでない」って言うてんのよ。

里村　お言葉ではございますが、日本は、弱い国を相手に戦争したのではなく、「ロシア」や、当時、眠《ねむ》れる獅子《しし》と言われた「清《しん》」と戦ったりしたのですけれども。

フビライ　弱い国じゃん。

里村　ロシアや清は、結果的に、日本には負けましたが、決して弱い国とは見られておりませんでした。

フビライ　そんなんで、「神国日本」なんちゅう幻想《げんそう》をつくったやつらは、みんな

〝悪魔〟だからさあ。悪魔や。悪魔だ。

里村　ただ、戦争へと向かう状況《じょうきょう》をつくっていったのは、当時、強くなりつつあったアメリカですけれども。

フビライ　その言い方、気に食わんなあ。「当時、強くなりつつあったアメリカ」って、どういう……。その言葉をもう一回分解して、ちょっと説明せえや。ああ?

里村　要するに、イギリスやフランスに続いて、新しい国として、どんどん大きくなってきていたアメリカが……。

フビライ　どうも気に食わんなあ。やっぱり死刑や。ああ?

“奴隷《どれい》”の大統領は許せない？

里村　（苦笑）要するに、超大国アメリカが……。

フビライ　ああ、超大国。うんうん。そうか。

里村　超大国アメリカという言葉でよろしいですか。

フビライ　あの“奴隷《どれい》”の大統領が、今、何しに日本に来てるんだ？

里村　え？

フビライ　“奴隷”の大統領。黒人の奴隷だろう？　あれ、何しに来てるんだよ。

綾織　オバマ大統領は許せないわけですね。

フビライ　奴隷やんか。奴隷として引っ張ってきたもんや。

綾織　オバマ大統領はよくない？

フビライ　うん。あれ、いったい何してんのよ。ええ？　おまえら、いかれとんのと違うか。奴隷、奴隷、奴隷……。

綾織　オバマ大統領は、国内を立て直すということを一生懸命やられていますけれども。

フビライ　奴隷が〝国王〟になるんか。そんな時代は狂うとるから、早く潰してしまえ。

綾織　オバマ大統領は、もう潰したほうがいいと？

フビライ　あれ、奴隷で引っ張ってきた記憶がある。うん。

里村　そのオバマ大統領が今、「アメリカは世界の警察をやめる」と、つまり、「アメリカの世界帝国の覇者《はしゃ》としての立場をやめる」ということを言っているのですが、皇帝から見たら、それも、とんでもないと？

フビライ　ああ、アフリカに帰るんだろうよ、それは。

里村　帰るんですね。

フビライ　うん。「やめる」って言うんなら、そうだろう。

里村　では、アメリカには、もう一度、世界帝国としての強い国になってほしいと？

フビライ　わしは、フビライとして呼ばれたんや！

「中国もアメリカも、わしの国だ」

里村　すみません。今、話の流れが、いきなり現代に飛んでしまっていますが、引き続きお伺《うかが》いします。

今の中国については、どうご覧になっていますか。

フビライ　中国？

里村　はい。

フビライ　うーん……。まあ、アメリカを成敗《せいばい》するつもりでいるんじゃないの？

里村　それは、よろしいのですか。

フビライ　うん？

綾織　「わしの国」というのが、中国だったり、アメリカの超大国だったりするのですが……。

フビライ　どっちも、わしの国やから。全部、わしの国だから。

綾織　ほうほう。両国は今、軍事的には対立している構図になっていますが、これについては、どう見ていますか。

フビライ　どっちが勝っても、わしの国やから。

綾織　どちらでもいい？

フビライ　うん。

フビライの出身国・モンゴルへの関心は？

吉川　モンゴルは、どのようにご覧になっていますか。

フビライ　うん？

吉川　モンゴルは？

フビライ　今、相撲《すもう》をやってるわ。うん。それだけや。

吉川　モンゴルに対しては、そんなに思いはない……。

フビライ　だから、日本みたいなのは、国でなくて、島やからな。日本を支配するために、相撲で支配してるんだ、今。うん。勝ってるんだよ。モンゴルの勝ちや。

里村　まあ、モンゴル出身の横綱《よこづな》がどんどん出ていますから。

フビライ　あれは、日本の〝悪い神様〟がつくった儀式やからな。それをぶん投げてるから、まあ、平和裡《へいわり》に今、スポーツで〝征服〟したんだよ。日本の〝征服〟は終わった。

綾織　もう終わっていますか。

フビライ　モンゴル相撲は勝ったんだから、これで、日本の〝征服〟はもう終わった。決着はついたんだ。うん。

里村　はあはあ。

フビライ　君ら、防衛したって、もう遅いんだよ。決着はついたんだよ。日本の横綱、全部、投げ飛ばされてたってことは、もう負けたんだよ。

綾織　それはそれで、特に気にしてもいないのですが。

フビライ　おまえ、偉《えら》そうに言うなあ。敬意が感じられない。ああ？

綾織　いやいや、大変尊敬申し上げますけれども（苦笑）。

フビライ　ほうかいなあ。習近平《しゅうきんぺい》を指導しているが、「弱い皇帝」に見える

綾織　先ほど、「中国とアメリカの、どちらが勝ってもいい」というお話がありましたが。

フビライ　どっちもわしのもんじゃから、それは一緒でかまへん。

綾織　習近平《しゅうきんぺい》主席については、どう見ていますか。これは、いいトップなのでしょうか。

フビライ　まあ、食糧《しょくりょう》にすると、なかなか食べがいいが

習近平（1953～）
中華人民共和国第７代
国家主席（2013～）。

ある男だよなあ。肉がたくさんあって。

綾織　はあ、食べてしまいますか。

フビライ　あれだったら、ステーキ六十人分ぐらいは取れるだろう。あの身体からやったら。うんうん。（里村に）君からだって、四十人分ぐらいは取れるだろうなあ。

里村　いやいや（苦笑）。習近平は今、ある意味で、「中国の皇帝」とも呼ばれていますが。

フビライ　弱い皇帝だなあ。

里村　弱い？

フビライ　あんな弱い皇帝で、皇帝を名乗っとるようじゃ、ちょっと危険なんと違うかなあ。

里村　皇帝からご覧になって、どういう点が弱いのですか。

フビライ　弱いよ。何モタモタしとるんだよ。

綾織　では、何をすべきですか。

フビライ　何だ？　あんな、尖閣《せんかく》だの、沖縄だの、何をモタモタしてるんだよ。「皇居に向かって撃《う》ち込む」って言って、ほんで終わりやないか。何言ってるんだよ。

綾織　それで日本を脅《おど》して、言うことをきかせると？

フビライ　うん。アメリカなんかが日本を護《まも》るわけないでしょう? だって、わしの国なんだから、あすこも。

綾織　そうですか。しかし、オバマ大統領は〝駄目《だめ》〟なんですよね?

フビライ　オバマは、そりゃ、アフリカへ帰らないかんからな。

里村　ただ、今回、オバマ大統領は日本に来て、「アメリカは尖閣を護る」と……。

フビライ　寿司食《すしく》って、一服、〝毒〟を盛られたんだろう、昨日。〝毒〟を盛られた。（オバマは）日本文化になあ、降伏《こうふく》したんや。ああいう、ご機嫌《きげん》取りは駄目なんや。死刑《しけい》にせなあかんな。うん。

里村　また死刑ですか。「皇帝が神様として、今、習近平を霊的に指導している」ということはありませんか。

フビライ　まあ、わしも、一人ぐらい指導するんじゃ退屈だからさあ。やっぱり、何人も指導しとるわな。

里村　何人も？

フビライ　もう全部、わしの〝操《あやつ》り人形〟だから。すべては。

里村　ほうほう。

フビライ　世界は、わが手の内にある。

プーチン大統領とは波動が合わない

綾織　例えば、誰ですか。習近平も入っているとして、何人か操っている状態であるわけですね？

フビライ　うん、まあな。

綾織　プーチンとかもそうですか。

フビライ　うん？　プーチン？

綾織　プーチン大統領は言うことをきかないですか。

フビライ　うん。今、どうやって処刑するか考えてる。

里村　「プーチンを」ですか。

フビライ　うんうん。処刑せないかんね。

綾織　プーチン大統領は駄目ですか。

フビライ　あれも処刑は決まっとるんだ。だから、どうやって処刑しようか、今、考えてる。

綾織　プーチン大統領は、なぜよろしくないのでしょうか。

フビライ　うーん。何となく波動が合わんねえ。

綾織　プーチン大統領は強面《こわもて》なので、フビライ皇帝に近いような見え方もしますが。

フビライ　あんなちっこい国で、皇帝みたいな顔してやってる。あれは、ちょっと生意気だよな。

里村　ロシアは小さい国ですか。

フビライ　ちっちゃいよ。あんなもん。

里村　大変広い国でございますけれども。

フビライ　土地だけやねん、そんなの。あんなの、マンモスが埋《う》まってる永久凍土《えいきゅうとうど》やろうが。ええ？　ほとんど、人間なんか住んどれへんがね。住んでんのは、熊とかそんなのだよ。なあ。経済も……、〝韓国〟ぐらいだろ、どうせ。踏《ふ》み潰《つぶ》せるわ、あんなもん、一発で。

里村　プーチンと肌合《はだあ》いが合わないなら、ほかに、どういう方を指導されているのでしょうか。

フビライ　うん？

里村　〝神様〟として、ほかに誰を操っているのでしょうか。

フビライ　まあ、世界は、やっぱり、わしが率《ひき》いないかんからなあ。

綾織　ほう。

5　フビライの考える「世界支配」

今、考えていることは「日本を締《し》め上げること」

里村　今、世界は、皇帝が望むような方向に動いているのでしょうか。

フビライ　うーん……。まあ、戦争は「ゲーム」だからねえ。ゲームとして楽しまないかんからさあ。

里村　ゲーム？

フビライ　うん。どういうふうにゲームするのが楽しいか、考えないかんからさあ。ああ。日本なんか、どういうふうにして締《し》め上げたろうかと思うて、今、考えてるとこだからさ。

綾織　日本に対してはどうされますか。何をするのが一番いいですか。

フビライ　「日本の最期《さいご》」を君たちに見せてやろうと思っとるよ。うん。

綾織　最期？

里村　もう少し細かく具体的にお伺《うかが》いします。もう一度、日本に襲来するとしたら、どういう手順で進めていかれますか。

フビライ　襲来せんでもええだろ。安倍が褌《ふんどし》一つになって、北京《ペキン》で……、天安門《てんあんもん》広場で土下座して謝って、「朝貢《ちょうこう》します。これから朝貢して、二度と背《そむ》きません」って、裸踊《はだかおど》りしたら、まあ、許してやらんでもない。

綾織　そのために、何をされますか。

フビライ　降伏したらいいねん。

綾織　安倍首相に対して、何か突きつけるわけですか。

フビライ　降伏させたるよ。

綾織　何か脅したりするわけですか。

フビライ　うん。だから、やつは、「中国もアメリカもわしのもんだ」っていうことを、まだ分かっとらんようだからさ。ハハッ。両方、日本を〝食い〟に来ておるのに、分かっとらんようだから。

綾織　アメリカも押さえて、中国も押さえているので、もう日本はやるべきことは何もないと？

フビライ　うんうん。そんなもん……、まあ安倍を、焼き肉パーティーの〝餌《えさ》〟にする、材料にするのは、わけもないことだからなあ。ハハン。

中国によるアメリカの支配が着々と進んでいる？

里村　ただ、今の中国に、それだけの力があるのでしょうか。

フビライ　ええっ？

里村　中国という国に、それだけの力が……。

フビライ　おまえ、もう一回、死刑になりたいんか。

里村　いやいや。仮にというか……。

フビライ　だから、アメリカも中国のもんや。もう支配してんだからさ。

里村　どういう意味で？

フビライ　「中国アメリカ合衆国」と名を変えないかんのよ、もうすぐな。

里村　中国は、アメリカ国債《こくさい》を大量に持っていますが、それをもってアメリカを支配していると？

フビライ　いやあ、軍事的にも、そりゃ一元化するよ。

綾織　アメリカ軍を吸収する？

フビライ　うん。アメリカの軍隊は、わしの思うとおりに動くようになるからさ。

綾織　それは可能なんですか。

フビライ　うん。可能だね。

里村　どのようにして可能になるのでしょうか。

フビライ　だって、言うことをきかなかったら、自分たちが大きな被害を受けるんなら、ちっちゃい虫ぐらい踏み潰すだろう？　当たり前じゃんか。

里村　それは、例えば、「核兵器による脅し」ということですか。

フビライ　まあ、それもあるし、すでにアメリカの支配は着々と、もう終わっておるでなあ。

里村　どのように終わってきているのですか。

フビライ　中国から人材を送り込んどるからさあ。

里村　確かに、今、アメリカの民間企業にも政府のほうにも、中国系の方がたくさん入り込んでいます。

フビライ　うーん。いや、カナダも取るつもりでおるしさあ。

里村　カナダもですか。

フビライ　北米は全部取るつもりでいるから。あとは、ハワイも目障《めざわ》りだから、取らないかんし、オーストラリアから、もちろんベトナムも小生意気《こなまいき》やから、もう一回、ベトナムも攻撃してやらないかんしさあ。まあ、フィリピンや、あんなのは当然だなあ。そらあ、タイなんかの王朝なんて認めるわけないだろ。あんなの一気に踏み潰したるわ。

日本の天皇も、これで終わりだから、今、最期だから、これが。平成天皇やなくて、〝終了天皇〟と名前を変えるように言っとかな……。

綾織　今の天皇陛下で……。

フビライ　もう終わりだ。次の代はもうないから。

綾織　日本は、完全に中国の一部に……。

フビライ　日本なんて、もうすでに国じゃないんだから。もともと国じゃない。アメリカの州に入るか、中国の県に入るか、どっちかなんだ。選択肢《せんたくし》は、その二つしかないんだからさあ。

次のアメリカ大統領は、中国の指名により決まる？

綾織　先ほど、「アメリカも自分の国だ」とおっしゃっていましたが。

フビライ　両方、わしのもんなんよ。

綾織　それは、「中国を通して支配している」という状態ですね？

フビライ　「国が別や」と思うとこが、間違《まちご》うとるのや。「同じ国なんだ」って言うてるんだよ。

綾織　ただ、アメリカが中国に呑《の》み込まれ、なくなってしまっても構わないのですか。

フビライ　だから、「アメリカと中国は同じ国なんだ」って言うてるんだよ。何度言ったら分かるんだよ。頭、悪いなあ！

里村　すみません、頭が悪いので、もう一度、お訊《き》きします。どういう意味で、「同じ国だ」とおっしゃっているのですか。

フビライ　だから、「両方、わしのもんじゃ」って言うてんのや。

里村　では、逆に、アメリカが中国を呑み込むかたちになっても、よろしいのでしょうか。

フビライ　どっちだって、わしのもんなんだから、「一緒なんや」って言うてんのや。

綾織　その選択肢を取る可能性もありますか。

フビライ　選択肢も何も、どっちにしたって、「わしの国」になるから、一緒なんや。

綾織　例えば、「アメリカが強くなって、中国のほうを後退させる」というのもありえますよね?

フビライ　オバマはさあ、今はもう、逃げて、逃げて、逃げまくっとるからさあ。あれは、もう、「わしの国」でなくなる。あのままだったらなあ。
　わしの国は、やっぱり攻めて、攻めて、攻めまくらないかんからさあ。それが、わしの国や。

だから、アメリカは、わしの国やったのに、今オバマはもう……。あいつ、ケニアに叩《たた》き返してやらないかんな、早いとこ。寿司にあるだろうが？　ときどき、毒が入ってる〝あれ〟があるだろうが？　フグ！

綾織　はい。

フビライ　フグを握《にぎ》って食わしたらええんや。イチコロや！

綾織　アメリカは二〇一七年から新しい大統領になりますが、そのとき、ものすごく強い大統領が出てきたら、「アメリカが強くなっていい」ということになるのでしょうか。

フビライ　うーん。まあ、中国が支配しとれば、中国の指名により、大統領が決まるかもしらんなあ。

里村　ということは、「中国が先にありき」ですか。

フビライ　フビライとして、おまえ、呼んだからしょうがないやろ。フビライの立場で言うとるんじゃないか。ああん？

綾織　では、魂《たましい》のご兄弟は、アメリカにも生まれているわけですね？

フビライ　「魂のご兄弟」っていう言い方、分かるか。わしは〝神〟なんやから、〝オールマイティー〟なんや。

綾織　魂の一部には、アメリカに足場を置く方もいるわけですね？

フビライ　みんな、わしの家来《けらい》や。うん。

ルーズベルト大統領はフビライの生まれ変わりなのか

里村　もう、端的に言います。今回は、フビライ皇帝のお名前で来ていただきましたが、アメリカに、ルーズベルト大統領というお名前で出られたことがありますか。

フビライ　うーん？　うーん……。

里村　おありですね？

フビライ　死刑《しけい》……。

里村　失礼しました。ややタブーに触れるところではありますが、〝神様〟のお名前

フランクリン・ルーズベルト（1882～1945）
アメリカ合衆国第32代大統領

の一部ということで……。

フビライ　だから、日本に原爆を落としてやったから、よろこんで、もう感謝しろよ。なあ？

綾織　落とした？

フビライ　ああ、落とした。

里村　残念ながら、実際に原爆が落ちたのは、（ルーズベルトが）地上を去ったあとですが。

フビライ　おまえらのところの……、「神風が吹いた」だの、ヘンテコリンな信仰をやっとるからさあ。こんな蛮族《ばんぞく》を早く滅《ほろ》ぼさないといかんからさあ。もう原爆二つほど落として……、ぽつんぽつんと〝カラスのウンチ〟を落としてやったら、もうそれで終わったな。

里村　その原爆二回は、蒙古襲来《もうこしゅうらい》の二回の失敗の代わりですか。

フビライ　「お返し」やね。

里村　お返しだと！

綾織　原爆をつくる準備をされ、そして、まあ、残念ながら、地上にはいらっしゃらなかったけれども、原爆は落とせたと？

フビライ　「地上にいなかった」っていうのは、何か分からんけど、〝神様〟としての仕事は果たしたよ。

綾織　〝神様〟として、日本に罰を与えたと？

フビライ　うん、まあな。

里村　ルーズベルトというお名前には、懐《なつ》かしさというか、親しみを感じられますか。

フビライ　わしは、「フビライとして呼ばれた」って言ってるのに、何を、おまえは……。自分で自分を裏切るわけにいかんだろうが。フビライとしてしか言わんぞ。

フビライが目指しているのは「天地創造」？

吉川　天上界か、どちらにいらっしゃるかは分からないのですが……。

フビライ　（突然、席から立ち上がり、質問者のほうへ行こうとする）

吉川　失礼しました。失礼しました。

里村　（手で制止しながら）どうぞ、お鎮《しず》まりになってください。

フビライ　（席に座る）

里村　（吉川に）大変珍しいことですね。立たれるということは。

吉川　そうですね。はい。「賢明なるハーン」と呼ばれたフビライ皇帝は、今、どのような世界をつくりたいと考えていらっしゃるのでしょうか。

フビライ　まあ、天地創造だな。天地創造を目指さないかん。

里村　もうすでに天と地はありますけれども。

フビライ　「新しい創世記」が始まるわけだな。私が、〝新しいアダム〟にならないかんわけだ。キリスト教的に言えばな。

綾織　それが、今の中国が拡大した世界帝国の姿ですか。

フビライ　中国なんていう国は、そんなものは、もうほんと、わしから見りゃ、県みたいなもんやからさ。君、そんなもんにこだわるなよ。ええ？

綾織　もう、どうでもいいと？

フビライ　たまたま、アジアバージョンなんだよ。わしのな。まあ、ちょっと、アジアの〝お休み処《どころ》〟が、中国っていう所なの。

中国は、アメリカもＥＵも呑《の》み込むつもり

綾織　世界支配というのは、どう展開していくのでしょうか。

フビライ　ん？　どう展開するって、もう勝負は終わっとるんだ。おまえらは、もう、まな板の上の〝ドジョウ〟やね。

里村　もう、新しい世界の創造が始まっているのですか。

フビライ　うん。だから、アメリカと中国っていうのは、まあ、言われてるのかもしらんけど、「どこで、ドジョウをちょん切るか」っていう話をしてるだけだからさあ。

里村　今年三月、アメリカ大統領夫人のミシェルさんが、お母様と子供たちを連れて、中国に一週間も行っておられました。

フビライ　あれは、なんで捕《つか》まえんかったんやろうな。とっ捕まえて、牢《ろう》に放り込んどいたらよかったのになあ。

里村　そんなことをしたら、アメリカと戦争になってしまいます。

フビライ　面白いじゃないか。

里村　面白い？

フビライ　うん。待ってました。いずれ、そうなるんだからさ。

里村　そのへんをやらないから、習近平《しゅうきんぺい》は柔《やわ》だと？

フビライ　とろいわな。頭が悪いわ。

綾織　「今、中国は、アメリカと現実に戦っても、勝てる」と読んでいるわけですね？

フビライ　勝てるって？　まあ、勝つ……っていうか、呑《の》み込むことになっとるからな。

里村　呑み込むことになっている？

フビライ　うん。勝つも何も、呑み込むから。勝つも何もない。

綾織　もう戦わせないところまでいっている？

フビライ　ＥＵも呑み込む予定で頑張ってるわ。今な。ヨーロッパなんて、もう、あんなの弱小の群れだろう？　ヒツジの群れ。あんなの二十頭や三十頭、ガボッと一呑みにしたるわ、全部。世界帝国をもう一回つくる。

里村　つくり直しですか。

フビライ　うん。つくり直しを……。だから、神の心なのよ、わしの心は。

綾織　そのなかで、プーチン大統領とかは邪魔になるわけですね？

フビライ　邪魔になるって？　まあ、ネズミ程度やけどねえ。

綾織　簡単に踏《ふ》み潰《つぶ》せる？

フビライ　ネズミ程度だから。

里村　しかし、EUには、一国だけ、ドイツという国がありますが。

フビライ　あれ、なーんも戦う気ないから、弱いよ。

里村　ただ、この国も、その気になったら、大変な科学技術力を持っています。

フビライ　それは、富を全部取りあげるから、大丈夫や。うん。

6　憲法9条と集団的自衛権を問う

「『中国が日本を攻める』と思うのは、大間違いだ」

里村　少し視点を変えたいと思います。

フビライ皇帝の〝世界創造計画〟から見たとき、今、この日本という国で、安倍さんが、憲法9条を改正しようとしていることは……。

フビライ　遅いや。あんなものしたって、もう終わりじゃん。どうせ、もう終わってる国なんだからさ。無駄《むだ》な抵抗はやめなさい。もう両手を挙《あ》げるのがいちばん。もう降伏《こうふく》だ。

君らねえ、左翼《さよく》と戦ってるつもりかもしらんけど、左翼が実に正しいんだよ。もう降伏しかないんだよ。

もうお手上げなんだよ。手はホールド・アップなんだ。……いやいや、フビライはそんな英語は使ってはいかん。

里村　でも、自然に出てきますね。

フビライ　いやあ、たまたまなんだ。たまたま出たけど。

里村　はい。

フビライ　機関銃《きかんじゅう》を持った武装警官が来たらねえ、もう手を挙げるしかないよ。そりゃ逆《さか》らったら、その場でもう撃《う》ち殺されるんだ。

里村　しかし、皇帝の今のお言葉は、「日本が憲法9条を改正し、備えをしっかりするようになったら、やはり強敵になるかもしれない」という、ある意味での恐怖《きょうふ》心とまでは言いませんけども……。

フビライ　おまえら、「神風」しか道具がないんやからさあ、「神風が吹くかどうか」やろ？　この前は、台風の時期やったから、いかんかったので、台風の時期を避ければ大丈夫なんだ。問題ない。

里村　ただ、冬の日本海は、荒れたときは、とても渡れるような海ではございません。

フビライ　別にねえ、君ねえ、「中国が日本を攻める」と思ってたら、大間違いだよ。アメリカだって、爆撃機をいっぱい持って、もうすでに日本を占領してるんだからね。アメリカが中国のものになったら、もう日本の占領は終わってるんだ。

里村　皇帝の目から見ると、アメリカが日本を爆撃するようなこともあると？

フビライ　爆撃するって、もう占領は終わってるんだよ。でしょ？　アメリカが、「中国の庇護《ひご》の下《もと》に生きていく」ということを決意した場合、君らはもうそれで戦いが終わったのよ。

綾織　それをオバマ大統領にさせるということですか。

フビライ　まあ、オバマもケニアに帰るから、どうでもいいけど。アメリカは先がないから、中国の一部として存在を許すかどうかの問題やな。ま、フビライの立場から言うとだな。

今、「中韓米で日本を降伏《こうふく》させる計画」が進んでいる⁉

里村　しかし、フビライ皇帝として地上にあったとき、日本占領はできませんでした。やはり、日本という国は手強《てごわ》いのではないですか。

フビライ　おまえらなあ、ちょっとねえ。それは、あれだろう……。まあ、わしも、おまえらの諺《ことわざ》を知っとるねん。「窮鼠《きゅうそ》猫《ねこ》を噛《か》む」っていう言葉があるだろう。

里村　はい。

フビライ　ネズミがなあ、なんぼ言うたって、穴んなかに閉じこもって、入ってきた猫の鼻を引っ掻《か》こうとしてるだけ。それ以上ではないんだ。
　おまえらの「憲法９条改正」「武装」だのいうのは、壁の穴に猫が鼻を突っ込んできたときに、引っ掻くっちゅう、それだけのことやからさあ。まあ、引っ掻こうが、引っ掻くまいが、勝負は終わってるんだ。

里村　ただ、その前の段階で、今、日本では、安倍総理が集団的自衛権の行使容認を進めています。つまり、アメリカとかと一緒になって、地域の平和を守るということを……。

フビライ　うん、そうなのよ。今、それを進めてるんだよ。

里村　えっ？

フビライ　だからねえ、今、中国・韓国・アメリカの三カ国で、日本を降伏させる計画が進んでるからさあ。

集団的自衛権を、われらはもう今、発動する寸前……。

里村　つまり、日本が、集団的自衛権の……。

フビライ　対象だ。君らは対象国なのよ。勘違いしてるんだよ。

ほかの国と一緒になって、中国を叩《たた》こうと思うとるんだろう？　残念でした。中国とほかの国が一緒になって、日本に対して圧力をかけるのが、〝集団的自衛権〟なんだ。

綾織　中国と韓国は今かなり近づいていますが、アメリカもオバマ大統領も、そのなかに入ってしまっているのですか。

フビライ　オバマは、もうねえ……。

（中国は）この前、（オバマの）奥さんと子供を地下牢《ろう》に入れときゃよかったのに。

里村　地下牢に……。

フビライ　うーん。入れといてもよかったけど、値打ちないと思うたから、帰してしもうた。

「朴槿恵《パククネ》大統領は、もうすぐ中国に亡命する」

里村　今、韓国の名前が出ましたが、韓国の女性大統領の朴槿恵《パククネ》という方はご存じでしょうか。

フビライ　それ、もうすぐ中国に亡命するだろうよ。

里村　朴槿恵大統領は、かつてフビライ皇帝と多少なりともご縁があったようですが（注。霊査によると、同大統領の過去世は、チンギス・ハーンの第四后妃《こうひ》グンジュと推定される。『安重根《あんじゅうこん》は韓国の英雄か、それとも悪魔か』（幸福の科学出版刊）参照）。

フビライ　女なんか、もう何千もいたから分からんわ。そんなの分からん。いろんな国の女がいっぱいおったから、もう分からんねえ。それは、ウナギの蒲《かば》焼きを食《く》っとるようなもんで、どのウナギか区別つかへんね。

『安重根は韓国の英雄か、
それとも悪魔か』
（幸福の科学出版刊）

『守護霊インタビュー
朴槿恵韓国大統領 なぜ、
私は「反日」なのか』
（幸福の科学出版刊）

綾織　朝鮮半島自体は、どのようにするつもりですか。

フビライ　うん？

綾織　北朝鮮と韓国がありますけども。

フビライ　あんなん、全然、〝おいしくない所〟やからなあ。北は特においしくないわな。北はおいしくないから、あそこは日本人の流刑場《るけい》に使えるんじゃないか。
君らは気をつけたほうがいいよ。あそこで肥やしに変わる。（里村に）いい肥やしになりそうだからな。

里村　いやいや（苦笑）。

フビライ　コーリャンがつくれるわ、君を刻《きざ》んで埋《う》めといたら。

里村　（苦笑）まあ、そのときは、〝お願いしたい〞と思いますが。

フビライ　お願いしたいのか。ああ、そうかそうか。

里村　いやいや、お願いしたりしませんけれども。

フビライ　うーん。

金正恩《キムジョンウン》に対する意外な評価

里村　北朝鮮の金正恩《キムジョンウン》という指導者は、どのようにご覧になりますか。

フビライ　うーん、うーん。うーん。うーん。……金正恩なあ。

里村　はい。

フビライ　うーん。うーん。うーん。

綾織　何か気になるんですか。

フビライ　金正恩なあ……。
うーん。うーん……、ちょっと面白いかもしらん。

綾織　ほう。面白い？

フビライ　ちょっと面白いかもしらん。

里村　いやあ、私どもも、今の皇帝の反応が非常に面白かったのですが。

フビライ　うーん、ちょっと面白い。

里村　どういう点が面白いのですか。

フビライ　やる気があるじゃんなあ。

綾織　ほう。

フビライ　若いのになあ。

里村　ええ。

フビライ　やる気があるわ。あいつはなあ。

綾織　今、何をやろうとしてますか。

フビライ　ミサイルを撃ち込むんでしょう。

綾織　そうですね。ミサイルも持っていますし。

フビライ　やっぱり、何も撃ち込まんっていうのは面白くないでしょう。

里村　どこにミサイルを撃ち込むんですか。

フビライ　そんなの日本に決まってるだろう。

まあ、韓国もちょっと撃ち込むかも。でも、韓国は、もらわな損だから、取りに入るやろう。だから、まあ、日本に撃ち込むよなあ。

綾織　今、ざっとお伺《うかが》いしていると、地上にいる指導者でいちばんいいのは、金正恩ということになりますね？

フビライ　うん？　金正恩が、わしっていうわけではないけども。

綾織　そういうことではなく、「今、お眼鏡《めがね》にかなった指導者」ということになると、金正恩ですか。

フビライ　日本と韓国を脅《おど》しまくってるから、なかなか覇気《はき》のある若者やなあ。

里村　先ほど、「習近平《しゅうきんぺい》でさえ、まったくの問題外」という感じでおっしゃった皇帝から、金正恩をそんなに評価するような言葉を聞けるとは……。

フビライ　あれはねえ、すぐ処刑するだろう？　あれが皇帝のあり方やねえ。

綾織　そこがいいわけですね？

フビライ　中国は弱いっていうかなあ。（習近平は）あんな歌手あがりの奥さんをもろうて、もうほんとに、とろけてしもうとるんじゃないかなあ。

里村　金正恩の奥様も歌手だった方ですが。

フビライ　でも、まあ、金正恩は、やる男だわなあ。
だからなあ、ミサイルをぶっ放すっていうのは、男性の夢やからなあ。やっぱり、ミサイルっていうのは、男のシンボルだから、撃って、撃って、撃ちまくらないかんのや。日本に撃ち尽くしたらええんだよ。ハッハッハハハハ。

里村　金正恩は、ある意味では、父親を排除《はいじょ》して、北朝鮮の指導者になったというか……。

フビライ　ああ、どうせ父親も毒殺したんだろ？　どうせそうやろう？　叔父《おじ》さん（張成沢《チャンソンテク》）も殺したんやろう？　全部殺していくからさあ。いやあ、朴槿恵は、そりゃあ逃げるよ。もうすぐな。中国に逃げ込むに決まってるから。

里村　もしかして、金正恩は、〝神様〟としての皇帝の魂《たましい》の一部ですか。

フビライ　いやあ、それは、あんまりにも小さすぎるやろうな。なんぼなんでも。

7　フビライの正体に迫る

「わしの手で、日本を最後まで片付けたかった」という心残り

綾織　では、習近平のあとに予定されているような方として登場されますか。

フビライ　誰が？　わし？

綾織　はい。

フビライ　わしゃあ、心残りは、だから……。うーん。「わしの手で、日本を最後まで片付けたかった」っていう気持ちはある。

里村　それは、先の大戦のときのことですね？

フビライ　あとは、そうやなあ。アメリカも、ベトナムとか中東とか、いろんな所で、あんまりかっこよくない終わり方をしているからねえ。ああいうのも、よくないしさあ。

ソ連との冷戦も、なんか、戦わないで終わったみたいなのも、もういっちょ、好きではないなあ。ちゃーんと、あのクレムリンをメタメタにしてから、終戦にしてほしかったなあ。

綾織　それを、今回は徹底《てってい》的にやりたいと？

フビライ　世界帝国をつくるという意味は、そういうことやなあ。

里村　チャーチルという方がいますが、よくご存じでいらっしゃいますか。

フビライ　まあ、知ってるよ。

里村　一緒に会議とかをした仲ですが。

フビライ　何を言わしたいわけ？　ん？　わしはフビライとして来てんだよ。

里村　はいはい。そうでございます。

かつて、チャーチル霊がこちらに来て、「習近平の次の指導者が、最も危険である。要注意だ」というように話されました（『民主党亡国論』〈幸福の科学出版刊〉参照）。この見解については、どのように思われますか。

『民主党亡国論』
（幸福の科学出版刊）

フビライ　うーん。習近平の次の指導者がねえ……。まあ、モンゴルからでも出てくるんかのう。どこかから、なんか革命でも起きるんかなあ。
そうかねえ。チャーチルさんが、そんなことを言うとんのかあ。

里村　チャーチル「さん」？

フビライ　いやあ、「さん」はまずかったかな。

里村　いえいえ。そのくらいの関係でいらっしゃいましたから。
スターリンとヒトラーを〝封印《ふういん》〟した？

フビライ　今は、そうだねえ、スターリンとかヒトラーとかも、〝復活〟を目指して運動中だからなあ。

綾織　そのあたりの方とお話をされたりしますか。

フビライ　まあ、どっちかと言うと、やつらを〝封印《ふういん》〟したのは、わしじゃからなあ。

里村　ある意味ではそうですが、ただ、スターリンとは仲が良かったというか、気が合われましたよね？

フビライ　うーん……。気が合ったと言うべきかなあ。まあ、利用のしがいはあったかもしらんわなあ。

綾織　スターリンも、そう思っていたかもしれませんね。

フビライ　心を許したことはないなあ。

里村　はいはい。心までは許したわけではないと。

フビライ　あいつのええとこはなあ、すぐ処刑するとこ。あれはええわ。

里村　物差しは、すぐ処刑するかどうか？

フビライ　やっぱり、そらあ実力の基準だわな。だから、リストを見て、（指差しながら）こうパッパッパッとやって、「ハイ」って渡したら、それで、みんな処刑になるようなら、真の実力者だなあ。

里村　先ほど、「スターリンとヒトラーの〝復活〟」とおっしゃいました。

フビライ　それは、そうだよ。

里村　どういう意味合いですか。

フビライ　だから、今、ロシアも〝あれ〟してるんでしょう？　アメリカに一応負けたことになってるけど、戦争で負けたわけじゃないから、悔《くや》しくて、今、復活を目指してるんだよなあ。

綾織　プーチン大統領とスターリンは、（霊的に）つながりがあるのですか。

フビライ　プーチンとスターリンが、つながりがあるかどうか。プーチンとスターリンは、つながりがあるかどうか。うーん……。

綾織　先般、プーチン大統領の守護霊がいらっしゃいましたが、「スターリン的な要素はなかった」という印象でした。

フビライ　プーチンが、ちゃんと、ウクライナ人を百万人ぐらい処刑すれば、つながりはできると思うなあ。

里村　それは、今のところ、ちょっと考えられないですね。

綾織　ただ、スターリンは、今、ウクライナ問題などのなかで、何か動こうとしているのでしょうか。

フビライ　そら、そうだろうねえ。

綾織　スターリンは、ソ連的な復活を考えていますか。

フビライ　それは、あのままでは悔しいだろうけども、残念ながら、わしが全部支配するから、失敗するやろうな。

里村　「そうはさせない」ということですね？

フビライ　もちろん、そうや。

里村　支配するのは私であると？

フビライ　うん。

綾織　では、ヒトラーのほうは、どこに何をしようとしていますか。

フビライ　ヒトラーは今、ＥＵに〝取り憑《っ》いとる〟んだろうが。ああ？

里村　ＥＵに取り憑いている？

フビライ　そら、そうだろう。あれは、ヒトラーの希望を実現しようとしてるんだから。

綾織　ドイツ中心の帝国をつくろうとしていると？

フビライ　だけど、まあ、あんまり成功してないわなあ。

政教一致のイスラム勢力は「強敵」と考えている

綾織　成功していないというのは、ヒトラーの考え方に影響を受けている人は、今のところ、地上にはいないということですか。

フビライ　うーん。いや、問題はイスラムだなあ。あそこが、なかなかなあ、政教一致で難しいからねえ。イスラムが、次の敵やなあ。あれをどうやって支配するか。

綾織　ほう。ここは敵なんですね?

フビライ　支配せないかんからなあ。まあ、やっぱりイランから取りに入るべきかなあ。

綾織　それは、中国として、取りに行くわけですね?

フビライ　うーん。イラン、シリアから取って、占領してしまうほうがええかもしらんなあ。

里村　確かに、モンゴル帝国のときは、そちらのほうまで占領に行きましたね。

フビライ　アメリカはなあ、うちの手足みたいなもんやから。もうすぐ、そうなるからさあ。

里村　皇帝から見ると、イスラム勢力が伸びてくるのは、やはり、面白くないわけですか。

フビライ　やっぱり、世界を二分《にぶん》する可能性があるからな。それはよくないね。イスラムに勝ったのは、まあ、わしぐらいやからな。キリスト教のほうでは勝てんかった。わしは勝ったからなあ、ちゃんと。

だから、キリスト教勢力では勝てんのだよ、イスラム教には。

里村　ええ。

フビライ　わしは勝てる。

里村　ただ、かなりの強敵として認識されているわけですね？

フビライ　強敵は強敵だな。いわゆる盲信《もうしん》・狂信《きょうしん》だからねえ。あれは大変だ。全部、視野に入ってきたなあ。あとは、アフリカを取って、オーストラリアまで行って、ハワイを取って、アメリカとカナダを取って……。

里村　ええ。

フビライ　南米なあ。ちょっと言葉が通じんので、南米が少しだけ〝あれ〟なんやが……。まあ、でも、今は貿易でだいぶ押さえてるから、何とか取れんことはないと思うんだなあ。資源として使ってやれば、取れるとは思うなあ。

「ほんとうの〝神〟はわしだ」と主張

綾織　その世界帝国の「宗教」というのは、どうなりますか。

フビライ　うーん？

綾織　フビライ・ハーンの時代は、かなり宗教的な寛容《かんよう》性があり、イスラム教徒もいました。また、皇帝は、チベット仏教の僧《そう》を国師に任命されたりしています。

フビライ　わしが決めたことを守るんなら、「寛容」よ。守らなければ、「火あぶり」よ。

里村　いわゆる宗教的自由というものです。いろいろな教義の宗教がありますが、すべて、自由に布教してよいと？

フビライ　くっだらねえよ。わしは〝神〟だからね。まあ、〝神〟としては、「幾《いく》つかの民族によって言葉が違って、習俗《しゅうぞく》が違うから、宗教も分かれるのはしかたない」とは思うけどさあ。その意味では、ローカル色は許してやるけどさあ。まあ、要《い》るもんではないわな、はっきり言ってな。

綾織　要るものではない？

フビライ　うん。必要ではない。あんまり信仰すると、日本みたいな〝原始人〟に戻ってまうからさあ。

里村　日本人は原始人ですか。

フビライ　そらあ、そうだよ。古代の信仰を誇っとるんだろう？　二千何百年前の信仰を誇っとるんやろう?
こんなねえ、「〝原始人〟が支配してる国が、まだ地球に残ってる」っていうことは、かわいそうだわのう。
里村　日本には、昔からの信仰もありますが、幸福の科学のように、新しい宗教ムーブメントもございます。
フビライ　石ころを祀《まつ》ったり、鏡を祀ったりしてるんだろう?　〝原始人〟だよ。〝原始人〟だよ。
里村　それは、古いほうの宗教です。日本では、今、幸福の科学という、新しい宗教がどんどん大きくなってきています。
フビライ　ええ?　鏡ぐらいで、あんた、原子爆弾に勝てると思うとるっちゅう、この後《おく》れが負けを呼んだのが分からんのか。

里村　だから、それは古い宗教のほうです。

フビライ　ええ？

吉川　フビライ皇帝から見て、エル・カンターレ、大川隆法総裁は、どのように見えますか。

フビライ　何だ、それ？　そんなもの、〝屁《へ》のつっぱり〟にもならんだろう。

里村　エル・カンターレは、神々のなかの神です。

フビライ　へえ……、自分でそう言うとるんだ。ほんとの〝神〟は、わしだから。

里村　皇帝は、ご自分でそのようにおっしゃっていますが……。

フビライ　おまえ、もう一回、処刑《しょけい》！

里村　いやいや、決して非難するつもりはございません。

イスラエルでは、イエスの処刑にもかかわった？

フビライ　〝神〟っていうのはねえ。

里村　はい。

フビライ　人間を処罰できなきゃ、〝神〟じゃないんだ。

綾織　当会では、そういう考え方の霊人がいる世界は、「裏側」と呼んでいるのですが。

フビライ　そんなことないでしょ。〝神〟っていうのは、人間を処罰する、そういう怖《こわ》いもんでなければならんなあ。

里村　皇帝は、〝神〟として、今までどのように処罰されてきたのですか。

フビライ　イエスだって、ちゃんと処刑しただろうが。
　ああいう弱いねえ、〝弱い神の子〟なんていうのは、存在が許されないのよ。あれが金正恩《キムジョンウン》ぐらい働けば、認めてやったんだけど、あんな……。

綾織　イスラエルの霊界にもかかわっているんですか。

フビライ　そらあ、そういうこともあるわな。〝神〟だからな。

綾織　当時、イエス様が処刑されたとき、直接的に何か、かかわっていらっしゃったのですか。

フビライ　何？

綾織　イエス様が処刑されたとき……。

フビライ　なんで「様」がつくの？　罪人《ざいにん》じゃん。「様」なんかつけるなよ。だからねえ、わしは支配の神だ。「支配と統治の神」なんだ。だから、そういう、国を弱めたり、人の心を弱くするような教えや指導者は、嫌いなわけよ。

オバマも、そういうとこがあるだろう。ちょっとな。

里村　オバマ大統領が歴史に遺《のこ》るかどうかは分かりませんが、例えば、キリスト教は、イエス様が十字架《じゅうじか》に架けられましたが、宗教としては二千年間ずっと続いてきています。

フビライ　イエスの宗教じゃないからさ、ありゃあ。ほんとは、イエスは使われただけで、あんなのは、パウロの宗教なんだよ。で、パウロはもともとユダヤ教だから、ただの「ユダヤ教の復活」なんだよ。

イエスは〝触媒《しょくばい》〟なんだよ。ただの〝触媒〟にしかすぎんのだよ。実は、ユダヤ教が世界を支配したんだよ、あれは。

綾織　ユダヤ教の〝神様〟でもいらっしゃるわけですか。『旧約聖書《きゅうやくせいしょ》』に出てくる「裁《さば》きの神」を自称《じしょう》

フビライ　だから、わしは〝オールマイティー・ゴッド〟……。ああ、いかん。英語

を使《つこ》うてる。わしはフビライやから……。

里村　英語が出てきますね。

フビライ　英語は知らんのよ。知らんけどな。

綾織　何語でもいいと思いますが、もしかして、ユダヤ教の『旧約聖書《きゅうやくせいしょ》』にも、お名前が遺っていますか。

フビライ　ええ?　それは遺っとるだろうよ。そらあ、名前を呼んではならぬ〝偉大《いだい》な神〟なんだから。

里村　それが、裁《さば》きの神としての……。

フビライ　「裁き」って、いつ言《ゆ》うた。先走《さきばし》るでない。まだ、わしが言うとらんのに。

里村　すみません。

フビライ　ええ？　「支配の神」と言ったんだ。

綾織　「支配の神」ですね。

フビライ　「支配と統治の神」と言っただけだ。「裁きの神」っていうのは、今、これから言うかどうか、迷うとったところなのに。おまえ、霊能者でもないのに、言うな、余計なことを。ええ？　ああ？　私の名前はねえ、呼んではならない神なんだよ。

里村　『旧約聖書』に出てくる……。

フビライ　呼んではならない神なんだ。本物の〝神〟なんだ。名前がある神は、全部、偽物《にせもの》なの。ね。

綾織　ただ、お名前は遺っていますよね？

フビライ　ああ？

綾織　かなり処罰をしっかりされる神様として。

フビライ　うん？　よく分からんこと言う……。

里村　しっかり人類を処罰する神様として……。

フビライ　人類？　処罰？

里村　はい。お名前は遺っていますよね？

フビライ　ああ、人類を〝殺菌《さっきん》〟する神ね。そりゃあ、そうだ。罪を犯したときに、人々を処罰する神ね。そら、洪水《こうずい》も起こしたしなあ。まあ、たくさんやったわなあ。

綾織　なるほど。

フビライ　人々が言うことをきかんときは、もう……、ああ、ノアの方舟《はこぶね》の時代の大洪水も起こしたしな。今だって、いろいろ考えとるよ。

里村　どんなことを？

フビライ　天変地異も、全部、わしの支配下にあるからな。

里村　うーん。私は、皇帝のお言葉を、全面的には受け止めかねているのですが。

フビライ　死刑、死刑。

里村　まだ考えが浅く、なかなかついていけていないので。

フビライ　いや、「知識がない」と言いなさい。

里村　はい。知識がないので、ちょっとついていけないのですが、要するに、「ヤハウェ」だとおっしゃるわけですね？

フビライ　その名前を呼んだら、即死《そくし》する！　なあ？　即死や。

ノストラダムスが予言した「恐怖《きょうふ》の大王」とは、フビライのこと？

綾織　人類の歴史のなかで恐れられている存在とのことですが、そのほかにも、人間としての名前も遺っていますか。

フビライ　いや、それは、わしのウンチみたいなもんだ。

綾織　恐れられる存在というのは、人類のなかには、たくさんいると思いますが。

フビライ　うーん。だから、人に好かれる支配者は、わしではない。恐れられる支配者は、だいたい、わしの系統やな。

里村　それでは、例えば、中国においては、フビライ様としてお生まれになる前、漢《かん》の時代に「武帝《ぶてい》」という名前で降りられましたか。この方も、領土を大変拡張されましたが。

フビライ　いい名前だなあ。

里村　ええ。「武」ですから。

フビライ　うーん。いい名前だなあ。〝神様〟っていうのは、やっぱり武力を伴《ともな》うもんなんだ。基本的にな。

里村　武帝は、シルク・ロードのほうにも大遠征をかけました。

フビライ　そうだなあ。うんうん。いいところは突いておるなあ。だからな、世界は、ほんとは、わしへの「恐怖」と「畏怖《いふ》」の念で統一されている。

里村　ただ、アメリカにお生まれになったときは、必ずしも、恐怖による支配ではありませんでした。

フビライ　そうなのよ。「恐れるべきは、恐怖のみ」っていう言葉もあってな（注。ルーズベルト大統領が、大恐慌《だいきょうこう》のなか、国民を鼓舞《こぶ》するために使った有名な言葉）。

里村　ええ。

フビライ　世の中にある恐怖を恐れてはいけないんだ。恐怖は、ここにあるんだから、外にあると思ったら間違いだ。恐怖は内にある。

綾織　「私を恐れなさい」ということですか。

フビライ　そういうことだな。「恐怖の大王」とは、わしのことだからなあ。

里村　ノストラダムスが予言した……。

フビライ　そうそう。わしのことよ。「恐怖の大王」っつうのはな（注。ノストラダムスの予言のなかに、「一九九九年の七の月、空から恐怖の大王が来るだろう」というものがある）。

里村　ヨーロッパのほうでも出ていらっしゃいますか。

フビライ　そらあ、あるだろうなあ。君らが、いちばん怖いと思う人がそうだろうよ。たぶんなあ。

里村　ヨーロッパ史でですか。

フビライ　まあ、君の知識では、ほとんど……。（里村がお腹に上に手を置いているのを見て）お腹、そんな隠《かく》さんでええよ。

里村　いやいや、隠してません。

フビライ　もうすぐ処刑されるんだから、腹一杯《いっぱい》食べとったらいいんだよ。

綾織　やはり「大王」とついているような方ですか。

フビライ　まあな。とりあえず恐れられる者は、わし。人民を甘やかす〝インチキの神〟を徹底《てってい》的に殲滅《せんめつ》するのが、仕事やな。

なぜ、日本をそれほどに敵視するのか

里村　今、「武帝」と「ルーズベルト」というお名前が出てきましたが、ほかにも具

体的なお名前をお聴かせいただけないでしょうか。

フビライ　ま、〝神〟だから、この世にあんまり関心はないんだけど、〝ばい菌《きん》〟が繁《はん》殖《しょく》したら、それを殲滅するという……。

里村　皇帝から見て今、地球はかなり〝ばい菌〟が繁殖していますか。

フビライ　特に日本列島に多いなあ。

里村　それはなぜですか。「神風が起きて、負けたから」というだけにしては、あまりにも長い間、恨《うら》みに思っています。はっきり言って、日本を敵視しています。なぜ、そこまで日本民族に対する怒《いか》りがあるんですか。

フビライ　あのなあ、ちっこいやつが威張《いば》るって、腹が立たないか。小学生が大学生と戦うなんてさ、生意気だろ？

里村　ただ、別に、日本は威張っているわけではありませんが。

フビライ　威張ってるじゃん。

里村　どのように威張って？

フビライ　威張ってるよ。アメリカの大統領を呼んで、地下に引っ張っていって、寿《す》司《し》を口んなかへ突っ込んで。ええ？　あんなん、威張っとるやない？

里村　それは、オバマ大統領がお寿司を好きだから。

フビライ　「好きだから」じゃなく、「アホだから」と言え。ちゃんと正しい言葉を使いなさい。

里村　アメリカ大統領を呼んでいるのが、威張っていると？

フビライ　うん、そうやなあ、まあ……。

〝奴隷〟が大統領になってなあ。わし（ルーズベルト）が生きとったら、あんなことはないいんだよ、ほんっとに。

里村　もし一九四五年四月に亡くならなければ、日本をもっと徹底的に叩《たた》きのめしていたということですか。

フビライ　いやあ、絶対、天皇制なんかは残ってないよ。

里村　そうすると、トルーマン大統領は……。

フビライ　あれ、軟弱《なんじゃく》やからなあ。

綾織　では、ルーズベルト大統領が生きていたら、もう、天皇制は終わって……。

フビライ　ああ、朝鮮戦争で原爆をよう使わんかったんだろう？　あいつが。弱いわのう。あれでは、アメリカが天下を支配でけんわのう。

里村　今のお話を聴いて、私は「戦争が終わる一歩手前で、ルーズベルト大統領が天に還《かえ》られてよかったな」と思っています。

フビライ　あ？　何って言った？　今、よう聞こえんなあ。

里村　「ルーズベルト大統領が、原爆が完成する前に亡くなられて、よかったな」と思っています。

フビライ　日本から、なんか、わしへの呪《のろ》いがものすごくかかって、もう大変……。

「9・11のテロ事件」の真相を語る

フビライ　わしは立志伝中《りっしでんちゅう》の……。いや、わしはルーズベル……、あっ、いや、何？　フビライっちゅうて……。

里村　どうぞ、そのままお話を続けてください。

フビライ　いや、例えば、アメリカの大統領でも、「車イスの大統領」なんていう偉大な方もおったわけで、彼は、立志伝中の人で、まあ、人々に対する本当の手本みたいな人やわな（注。ルーズベルト大統領は、小児麻痺《まひ》のため足が動かず、車イスの生活を送っていた）。

やはり、そういう人が本当の「悪」を見つけ出して、叩きのめす。これが〝正義〟なんだ。

里村　ただ、そのために、真珠湾《しんじゅわん》では、日本軍の攻撃によって三千人ぐらいのアメリカ兵の方が亡くなりました。これも、いたしかたないことですか（注。ルーズベルト大統領の霊は、霊言のなかで、事前に真珠湾攻撃の情報をつかんでいたが、被害を出してアメリカの世論を変えるため、あえてハワイには伝えなかったと述べている。『原爆投下は人類への罪か？』〔幸福の科学出版刊〕参照）。

フビライ　うーん。だから、アラブを攻めるためには、やっぱり、ワールドトレードセンターに突っ込ませて三千人ぐらい死なせるぐらいは、まあ、しかたないよねえ。一緒だよな。アラブを支配したいからねえ。

『原爆投下は人類への罪か？』（幸福の科学出版刊）

里村　では、あのワールドトレードセンタービルの筋書きにも加わっているのですか。

フビライ　テロ犯？　事前につかんでたから。もうとっくに調べがついてたんだから。だけど、やらせたんだ。

里村　それは、「地上のブッシュ大統領が」ではないですよね？

フビライ　うーん、まあ、ブッシュも……。

里村　ブッシュ大統領は知らなかったんですか。

フビライ　いやあ、ブッシュも、わしの支配下にあったからなあ。あれも、ユダヤ教徒だからね。本当の意味ではな。クリスチャンのまねはしてるけど、本当はユダヤ教徒なんだよ。

里村　ブッシュ大統領の八年間は、ある意味で……。

フビライ　わしの時代やな。

里村　それが今、時代が変わって、オバマ大統領は面白くないと?

フビライ　面白うないわ。

まあ、アリゾナ（真珠湾攻撃で沈没《ちんぼつ》した戦艦《せんかん》）のときも三千人ぐらいは殺したと思うけど、トレードセンターも三千人ぐらいだろ?

里村　そうです。同じぐらいです。

フビライ　あの程度、殺させたけども、向こうへ行って、何十万と殺しまくったよね。あれで中東を支配してしまわなければいかんかったんだ。
今はなんか、マネー経済が発達して、よう分からんとこがあるからな。このへんがよく分からんでな。うーん（舌打ち）。

里村　経済の部分が苦手でいらっしゃるんですね？

フビライ　うーん。武力とは、ちょっと両立せんなあ。なんか、知らんけど。金《かね》の神ではないんでなあ。

8　今、中国に生まれ変わっている⁉

「仕事を完成させたい」という気持ちがある

綾織　ちょっと、今後のご予定をお伺《うかが》いしたいのですが、地上に生まれて仕事をされるのか、霊界から影響を与えながら、世界を動かすのか……。

フビライ　この前、ちょっと完成せんかったから、「仕事を完成させたい」っていう気持ちはあるな。

綾織　完成させるためには、どこで、どういう仕事をされるのが、いちばんいいですか。

フビライ　いや、それを明かしたら、いかんだろう？　そらあ、君ら、事前に探り当てたら、対策を練《ね》るだろうが？

綾織　〝神様〟なのですから、誰が知っても、あまり関係ないと思います。

フビライ　そうかなあ。

綾織　ええ。

フビライ　見つけたら、やっぱり（具合《ぐあい》が）悪いだろう。

綾織　いえいえ。もう対策のしようがないですから。

フビライ　ええ？　できるかもしらんじゃない？

綾織　いや、〝難しい〟と思います。

フビライ　もし、権力をまだ握《にぎ》る前の段階やったら、君らから名指しされたらさあ。みんなが警戒《けいかい》したら……。

里村　神様にしては、ずいぶん臆病《おくびょう》で、慎重《しんちょう》ですね。

フビライ　まあ、頭がええから、たまにそういうこともあるわけよ。

里村　ほう。

フビライ　たまにはな。だから、事が成就《じょうじゅ》する前は静かにやらないと、戦《いくさ》はいかんのよ。

里村　怖《こわ》くて言えない？

フビライ　うーん？　いやあ、そりゃあねえ……。

里村　神様なのに。

フビライ　おまえらは死刑《しけい》だよ。ちょっと許されないこと、もう二十連発ぐらいした……。

里村　いや、すみませんです。

フビライ　ええ？　ムチ打ちに下げてやってもええ。ムチ打ち二十回にしてほしければ、もうちょっと丁寧《ていねい》な言葉を使え。

綾織　皇帝が人類を罰《ばっ》するためには、おそらく中国あたりに出るのがいちばんいいでしょうし、日本に対しても最後の罰を与えられると思うので、やはり、そのあたりが……。

フビライ　いや、中国かどうかは分からんよ。意外に違うかもしらんからさ。

綾織　ああ、そうですか。

フビライ　うーん。

里村　日本ということはないですよね？

フビライ　いや、それも分からん。意外に分からん。

日本に生まれて、「日本全滅《ぜんめつ》計画」をつくるっていう、これはもう大きいからなあ。

里村　獅子身中《しししんちゅう》の虫としてですね？

フビライ　うーん。獅子身中の虫？

里村　まあ、虫扱いはしませんけれども、今、いらっしゃるんですか。

フビライ　ええ？

里村　地上に、フビライ皇帝の魂《たましい》の一部がいるんですか。

フビライ　ええ？　それはまずいだろうが。

里村　なぜ、まずいんですか。

フビライ　そういう話はあんまりよくないいんじゃないか。うーん。

里村　地域だけでも言っていただければ……。

フビライ　うーん。まあ、地域……。うーん、実に具合の悪いところの話が今、来ているんだなあ。

綾織　地域だけだと、対策のしようもないので……。

フビライ　うーん……。

フビライの主張する、神様の基本教義は「恐怖《きょうふ》」と「服従」!?

フビライ　とにかくだねえ、今、わしの考えを破壊しようとしているものが、日本に増殖しておる感じはするわなあ。この動きは何としても止めないかんからなあ。

里村　増殖しているのは、どういう考えですか。

フビライ　わしはねえ、ああいう、宗教の「愛」とか「慈悲《じひ》」とかいうのは嘘《うそ》だと思ってんだよ。

ほんとはねえ、神様っていうのは、やっぱり「恐怖《きょうふ》」と「服従」なんだ。これが基本教義なんだと思うな。

里村　ただ、神様の「愛」や「慈悲」があるから、ここまで人類が増えてきたのではないでしょうか。

フビライ　それは、「獲物《えもの》にするために」か、「楽しみ」か、どっちかかもしらんなあ。

歴史上の英雄《えいゆう》たちをどう見るか

里村　（会場から「項羽《こうう》は？」と声があがる）今、会場からも指摘があったのですが……。

フビライ　（吉川を指差して）おまえ、なんで黙《だま》っとるねん。え？　裸踊《はだかおど》りをして見せなさい。ああ、することないんやったら……。

吉川　（笑）

里村　（吉川に）「項羽という方をご存じか」と訊《き》いてもらってもいいですか。

吉川　（笑）項羽という方をご存じでしょうか。

フビライ　ああ、そら知っとるよ？　うん。

吉川　そうですか。

フビライ　うーん。

綾織　どういうご関係ですか。

フビライ　どういう関係ってなあ……。まあ、中途半端《ちゅうとはんぱ》な人だな。

里村　中途半端？　項羽はかなり恐れられましたが。

フビライ　ある意味では、わしの一部を体現しているような面もあるけども、ある意味では、なんちゅうか、人気取りに入るようなところもある、中途半端なところがある人やな。うん。

里村　ただ、ケネディとして生まれ変わったときは、かなり果断な決断をされていましたが。

フビライ　うーん。でも、ベトナム戦争をやめそうだったから、殺されたんだからさあ。

綾織　観点は少し違いますが、織田信長《おだのぶなが》という人は、どう思われますか。

フビライ　織田信長……。何もそんなねえ、〝小さい国〟の武将なんてねえ。

綾織　小さい……。

フビライ　中小企業の社長の名前を挙《あ》げられてもなあ。分からんねえ。

綾織　また全然違いますが、シーザーという方は、どう思われますか。

フビライ　シーザー?

綾織　はい。

フビライ　シーザーかあ。うーん……、気に食《く》わんなあ。

綾織　どこが気に食わないんですか。

フビライ　なんかねえ、わしの向こうを張っとるようなとこが、ちょっと。

綾織　ああ、張っていますか。

フビライ　ちょっと気に食わん。うん。「気に食わんリスト」のなかに入っとる。

綾織　そうですか。

フビライ　うん。気に食わんリストのなかに入ってる。

里村　向こうを張っているというのは、特に、どういう面ででしょうか。

フビライ　なんか、わしの世界最強を若干薄《じゃっかんうす》めてるような気がするなあ。まあ、暗殺しといたから、そんでいいんだけどもなあ。

里村　そうですか（苦笑）。では、ブルータスによる暗殺は、皇帝の……。

フビライ　シーザーも、イエスも、わしが暗殺させといたからさあ。

里村　もう一人、アレキサンダー大王についてはどうですか。

フビライ　これもちょっと気に食わんのだ。なんか、ちょっと、いることはいるんだな。やっぱり〝悪役レスラー〟っていうのはおるんだねえ。

綾織　悪役ですか。

フビライ　悪役がちょっとおるんだなあ。

里村　それが気に入らない？

フビライ　アレキサンダーって、俺《おれ》、あんまり好きでないなあ。

里村　好きじゃない？

フビライ　うーん。なんか言うことときかん感じがする。

本来、「恐怖と服従の神」は、わししかおらんはずやのに、一見そのようにも見えながら、違うような者がいる。類似品《るいじ》だな。やっぱり、これが〝偽《にせ》ブランド〟だ。シーザーとか、アレキサンダーとか、このへんに、ちょっと、〝偽ブランド〟が流行《はや》ってるんだよなあ。

綾織　ナポレオンという方はどうですか。これも〝偽ブランド〟ですか。

フビライ　まあ、筋は、ある程度いいとこもあるなあ。……筋はいいとこもあるんやけど、ちょっと足りんもんがあるような気がする。

里村　何が足りないのですか。

フビライ　何やろな。これもねえ、なんか、ケネディなんかと一緒で、人気取りするとこがあるやろなあ。

里村　というか、自然に人気が集まったんですよね。

フビライ　人気なんか取ったら駄目《だめ》なんだよ。それは新興宗教のやり方だ。やっぱり、恐怖で凍《こお》りつかせないと、人間は言うことをきかんのだよ。

人間は、わしがこの世につくった〝ロボット〟なんだから、わしの世界計画のために奉仕《ほうし》するのが大事なんだ。

ポスト習近平の一人「胡春華《こしゅんか》」との関係は？

里村　だんだん時間も迫《せま》ってきたのですが。

フビライ　おまえらに、わしの正体が分かってたまるか。

里村　先ほど、私どもの「どの地域のあたりにお生まれになっていますか」という質問に、「まずいところに来たなあ」とおっしゃっていましたが、それくらいの世界計画の一端《いったん》は、ぜひ、恵《めぐ》みとして、私たちに与えていただいてもよろしいかと思うのですけれども。

フビライ　うう－ん（十秒ほど考え込む）。うん。まあ、いずれ、おまえたちも潰《つぶ》されるだろうからさ、そのときに分かるんじゃないか。

綾織　潰す存在なわけですね？

フビライ　うん。だから、おまえたちも、日本の皇室も全部丸ごと潰すから、そのときに、わしが誰か分かる。

綾織　心の準備もありますので、それはいつごろのご予定か、教えていただけないでしょうか。

フビライ　そりゃあ秘密やけども、そう先ではないわねえ。

里村　中国に、ポスト習近平《しゅうきんぺい》の一人と言われている「胡春華《こしゅんか》」という人がいるのですが、ご関係はおありですか。

フビライ　日本人は、そんな人のことは何《なん》にも知らんだろ。

綾織　これから出てくる人ですよね？

フビライ　ええ？

綾織　習近平の次の世代のホープということで、すでに報道が始まっています。

フビライ　そらあ、習近平が一人踊りをしとるんだから、しばらく踊らしてやったらええやないか。

彼の時代のミッション……、ああ、いかんいかんいかんいかん。英語はいかんなあ。英語は嫌い。中国語を使わないかん。……使命はだなあ、アメリカを抜くことなんだ。だから、十年の間に、アメリカとの力関係を逆

胡春華（1963〜）
中国の政治家。北京大学中国語学科卒業。中国共産主義青年団第一書記、内モンゴル自治区党委員会書記、党中央政治局委員を経て、2012年12月より広東省党委員会書記。

転させることが、彼の使命。

綾織　では、そのあとが本番ということですね。

フビライ　そのあとに、アメリカを僕《しもべ》にして、世界支配に入らなければいけない。それが世界計画なんだよ。

アメリカは、中国に雇《やと》われている傭兵《ようへい》と化す。日本なんか存在する余地がどこにあるわけ?

里村　そうすると……。

フビライ　だから、君らね、やっぱり、ほんとは、日本人は頭がよかったのよ。戦後の左翼《さよく》の平和主義者たちは賢《かしこ》かったのよ。どうせ負けるんだから、先、負けといたほうが勝ちなんだよ。抵抗したって無駄なんだよ。

中国の第六世代のなかにいる!?

里村　無駄を承知でお伺いしますが、中国の「第六世代」と呼ばれる人たちのなかに、皇帝の魂の一部がいらっしゃるんですね？

フビライ　分からん。それは言えんな。

綾織　今は、どのあたりにいますか。南のほうですか。それとも北のほうですか。

フビライ　そんなこと、なんで言わないかんねん？

綾織　そこは寒いですか。暑いですか。

フビライ　やかましいわ。うるせえよ。黙れよ。

綾織　どのへんにいますか。

フビライ　おまえらみたいな、弱小ジャーナリズムに暴かれないかん理由はないんだよ。

綾織　今、それなりに攻められている立場にあるのではないかと思うのですが（注。胡春華氏がトップを務める広東省《カントン》〔東莞市《ドングァン》〕で売春が横行していることに対し、中国中央テレビが「上層部の黙認があった」と批判していること等を指す）。

フビライ　ええ？　（「ザ・リバティ」を）一千万部ぐらい売ってから言えよ。一千万部ぐらい売ってから。

綾織　それは、頑張りますけれども。

けっこう次の世代というのは、今、叩《たた》かれる時期にあって、立場上も苦しいところがあると思いますが、例えば……。

フビライ　（会場を見て）何だ？　あそこの〝芸人〟がゴソゴソと……。あのへんも死刑にしてしまえ。

綾織　前回の人生では、モンゴルが地元でしたので、今回の人生でも、そのへんにいらっしゃいましたか。

フビライ　まあ、中国をつくり直したのは、毛沢東《もうたくとう》だわな。うん。だから、毛沢東は、わしの支配下にあった。わしが、（霊的に）指導しとったから。

里村　指導していた？

フビライ　うん。

綾織　そういえば、地上でも、ルーズベルト大統領は中国共産党を支援されていましたね。

ところで、今回の人生では、モンゴルとか、チベットとか……。

フビライ　神の名はねえ、隠《かく》さなきゃいけないんだ。神は、隠語《いんご》で呼ばないといけないんだ。

綾織　お名前は結構ですけれども、だいたい、どのへんで活躍されていたのでしょうか。

フビライ　もう、シナリオもしゃべってやったじゃないか。

「習近平の十年で、アメリカと中国の立場を逆転する。しかし、米中は、衝突《しょうとつ》はしない。なぜなら、中国がアメリカを買い占《し》めるからである。アメリカは中国の傭兵《ようへい》と化す。日本の立場、日米同盟など、そんなもの、紙切れにしかすぎない」

分かる？　だから、すべて、それでストーリーが終わった。〝安倍一族〟と、おまえたちの怪《あや》しげな〝鳥居信仰の変化形〟は、まあ、終わりだっていうことだよ。

フビライの時代、南宋《なんそう》を落としたことが「世界帝国」の決定打

綾織　今、地上にいらっしゃる〝皇帝〟には、専門というか、得意技《とくいわざ》のようなものはありますか。農業だったり、少数民族に強かったり、いろいろあると思うのですが。

フビライ　わしは、やっぱり、今はねえ、（舌打ち）日本のビルより高いものを建てまくるのが、何となく好きな感じがするな。うん。

日本のビルより低いのは、駄目なんだ。高くなきゃ駄目なんだ。

綾織　では、南のほうで、かなり発展した所にいらっしゃいますか。

フビライ　うん？　「わしは、フビライ・ハーンじゃ」って言うとるのに、何を言うとるんや。

南宋《なんそう》を落とすのは大変だったんだからね。南宋はねえ、抵抗するからなあ。

綾織　今も、南を押さえようとしている？

フビライ　チンギス・ハーンが南宋で手を焼いたからねえ。あれを落としたことが、わしの世界帝国の決定打なんだからさあ。

綾織　そうですね。あれで中国統一がなりました。

フビライ　南宋を押さえる者が、世界を制する。

綾織　なるほど。「今の時代においても、南をしっかり押さえておかないといけない」というのはありますよね？

フビライ　うーん、そうやねえ。まあ、それが、次の世界の中心地なんじゃないかなあ。

里村　広東とか、あのへんですね？

フビライ　うーん。

綾織　そこを押さえて、高いビルを建てて……。

フビライ　わしは、そのなかへ入ってラーメンをつくるんだよ。

綾織　（笑）「そして、次のトップをしっかりと狙《ねら》っていく」ということになりますね。

フビライ　だから、日本っていうのは、もう存在の余地ないんだから。ラーメン屋は生き残るかもしらんけど、あとは、ほとんど……。

あの餃子《ぎょうざ》も、インチキ餃子だから、あれは排除せないかんと思うとるわ。

綾織　今、南の所にいらっしゃって、風俗《ふうぞく》産業の問題などで、けっこう攻められて……。

フビライ　攻められて？

綾織　はい。逮捕《たいほ》者が出て、権力闘争《とうそう》のようになっているところがありますが、それを何とか乗り越えていこうとされていますよね。

フビライ　うーん。君の言葉は、若干《じゃっかん》、理解を妨《さまた》げるものがあるなあ。

里村　都合が悪くなると、話を聴かれなくなりますね。

「中東からアフリカまで支配してみせる」と豪語

フビライ　とにかくだなあ、中国っていう国は、嫉妬《しっと》されると失脚《しっきゃく》する国だから、その嫉妬の対象になることは避《さ》けなければいけない。

里村　今、それを避けていらっしゃるわけですね？

フビライ　権力を取るまでの間《あいだ》は避けなきゃいけないので……、君らねえ、わしを、そんな大物に、この世的にはしてはならんのだよ。

里村　習近平さんの守護霊も、最初の霊言では、「目立たないようにしている」とおっしゃっていました（『世界皇帝をめざす男』〔幸福実現党刊〕参照）。〝皇帝〟も今、目立たないようにされているわけですね。

フビライ　まあ、〝南宋〟を押さえれば、中国は押さえられ、中国を押さえられたら、アメリカが押さえられる。アメリカを押さえたら、日本はもう消滅も同然。

それから、ロシアの〝大外刈《おおそとが》り〟なんかで、投げられてたまるかっていうんだよ。こちらはもう〝カンフー〟で倒《たお》すからなあ。

綾織　分かりました。では、ぜひ南のほうをしっかりと固めていただいて……。

フビライ　まあ、見ていろよ。今に、中東からアフリカまで全部支配してみせるからさあ。

里村　はあ。

フビライ　で、君らは、万一《まんいつ》、どっかの国で生き延びることができたならば、世界帝国を見ることができるかもしれれん。

憲法9条？　そんなもの、もう何の役にも立たんよ。廃止《はいし》したらいいんだよ。

それから、中国語は、やっぱり、もう一回勉強したほうがいいかもしらんな。まあ、英語も使えるけど、「英語」と「中国語」、これが流れであったんで。今は、ちょっと中国離れしとるようだが、もうすぐ、英語と中国語しか要《い》らないようになるから。あとは無駄だからね。

里村　それでは、私どもも、皇帝の世界計画がどうなるか、しっかりとウオッチさせていただきたいと思います。

フビライ　始原《しげん》の神はねえ……、君らは〝嘘〟をいっぱいついてるらしいけども、始原の神は、わしなんじゃ。

里村　嘘ですか。

フビライ　そうじゃん。始原の神みたいなことを、なんか言うとるやん。ちっさい宗教が。偉そうに。十三億ぐらい治めてから、言えっていうんだよ。

「嫌な人リスト」を再び訊《き》く

綾織　最後に一点お伺いします。先ほど、「嫌な人リスト」のなかで、シーザーを挙げられましたけれども。

フビライ　うん、何となく嫌だね。

綾織　そのほかに、アレキサンダーとか、ナポレオンとかもいますが。

フビライ　うん、嫌だねえ。嫌だねえ。

綾織　ほかに嫌な人は誰でしょうか。

フビライ　うん、まあ、日本人は、うーん……。今日、オバマ、あれに行くの？　下痢《げり》でもしないかなあ。

里村　明治神宮ですか。

フビライ　明治神宮は嫌いだねえ。

綾織　明治帝は嫌ですね？

フビライ　日本を跳《は》ね上げらせた張本人だろう？

綾織　となると、天照様《あまてらす》も、当然、嫌ですね？

フビライ　それは嫌や。

（吉川に）おまえ、何もしゃべっとらんじゃないか。なんか、芸をしろよ。ええ？

吉川　（苦笑）

里村　中国でヒーローになっている、英雄《えいゆう》の韓信《かんしん》は？

フビライ　……あれは裏切りもんや。

里村　裏切り？

フビライ　裏切ったんだ。うん。

里村　誰をですか。

フビライ　中国を裏切った。

里村　中国を裏切った？

フビライ　うーん。

綾織　それは、その後の転生で、日本に生まれ変わったことを指しているわけですね。

フビライ　中国で、最後、天下を取らせてもらえんかったから、その恨《うら》みを日本で晴らしたんだよ。

綾織　当然、北条時宗《ほうじょうときむね》も、嫌なリストに入りますか。

里村　元寇《げんこう》では、時宗に負けましたからね。

フビライ　そうかもしらんなあ。

あとは、西郷《さいごう》（隆盛《たかもり》）だとか、勝《かつ》（海舟《かいしゅう》）だとか、こんなもん、みんな嫌だなあ。明治維新《いしん》を起こした連中はなあ。木戸《きど》（孝允《たかよし》）、坂本龍馬《りょうま》、あんなもんも、みんな嫌いだなあ。

里村　では、東郷平八郎《とうごうへいはちろう》という……。

フビライ　ああ、大っ嫌いだなあ。あいつは地獄の底に堕《お》としてやりたいなあ。

イスラム教もキリスト教も、すべて支配下にある？

綾織　ちなみに、今いらっしゃる世界は、どういう霊界なのでしょうか。定《さだ》かではないところがあるのですが。

フビライ　だから、わしはもう〝地球そのもの〟なんだよ。地球を覆《おお》ってる者《もん》だ。地球は、わしのもんなんだ。

綾織　「裁《さば》きを与える」という意味では、「本当に天国なのかな」という素朴《そぼく》な疑問が湧《わ》いてくるのですが。

フビライ　おまえ、『旧約聖書《きゅうやくせいしょ》』を読んだことあるのか。その神様は、祟《たた》りの神だろうが？　ああ？

イスラム教だって本当は祟りの神だろうが？　キリスト教だって愛の神のふりして、

本当は祟りの神だろうが？
結局は、わしの支配下に全部入っておるんだ。

里村　というふうに、皇帝はお考えですが、一方では、「嫌な人リスト」もあると。

フビライ　もう、反乱分子《はんらんぶんし》っていうのは、いつもいるからねえ。それは、その都度《つど》、潰していかないいかんねえ。

里村　皇帝の世界計画を崩《くず》すような存在がいると？

フビライ　ああ、もう、おまえらのミニ・マスコミ？　「ザ・リバティ」だの、何？

里村　「ザ・ファクト」（幸福の科学のYouTube番組）です。

フビライ　「ザ・ファクト」だのねえ、「ミキチャンネル」（幸福実現党・大門未来《おおかどみき》広報本部長のYouTube番組）だの、そんな、くっだらんもんで、わしを倒せると思うとるんやったら、大間違いやぞお。

綾織　要するに、これらは嫌なわけですね？

フビライ　蚊《か》が刺《さ》した程度にも感じんのやから、あんなものはさあ。

里村　「嫌な人リスト」にはまだ入っていませんか。

フビライ　入ってないなあ。小さすぎて。

里村　それでは、入れるように頑張りたいと思います。

フビライ　日本の占領《せんりょう》はもう終わってるんだからさあ。君らは、余計な仕事はもうやめなさいよ。

「刑務所のような世界」が、フビライの理想なのか

フビライ　君らは、今日ねえ、〝本当の神〟とは何かを見たんだよ。

里村　はあ。

フビライ　〝本当の神〟は、原爆で人類を滅《ほろ》ぼすこともできれば、もう、大軍隊を用《もち》いて世界を支配することもできる。これが〝本当の神〟で、口先だけで、平和を説いたり、愛を説いたり、「人を幸福にする」なんて言っているのは、〝本当の神〟ではなくて、ただのラッパ吹き、ほら吹きなんだよ。そのへんの悟りを得たほうがええな。

君らが言う天国・地獄なんて、そんな小さなものはねえ、わしらから見たら、刑務所か、自由な独房かの違いにしかすぎないんだよ。分かる？

里村　はい……。

フビライ　手錠《てじょう》が付いたまま入れられてるか、なかでは自由に過ごせる刑務所か、その違いにしかすぎないんだ。

地上の刑務所には、ソファーが入って、テレビがちょっと入っとる。政治犯が入ったりするのは、そういうとこやな。でも、殺人犯みたいなのは、地下で手錠をされて、重い鉄球を付けられてるんじゃないの。

天国と地獄の違いはその程度で、結局、その刑務所の管理人は、わしなんや。

里村　われわれからすると、皇帝が理想としている世界というのは、皇帝が一人いて、みんなはその皇帝に手錠でつながれている世界のように見えるのですが。

フビライ　手錠につながれて……。

まあ、わしから見ると、もう〝蟻《あり》んこ〟なんだから。君らは、ただの〝蟻〟なんだから、生かすも殺すも自由でしょ？　砂糖をあげてもいいし、水で溺《おぼ》れさせてもいいし、足で踏みつけてもいいし……。

綾織　皇帝が考える世界帝国が実現すると、「人類は牢屋《ろうや》に入ることになる」ということが分かりました。

フビライ　君たちは、やっとここで〝本当の神〟とは誰かを知ったんだ。

里村　はい。今日は、フビライ皇帝に来ていただき、〝大切なお話〟を聴かせていただきました。まことにありがとうございました。

フビライ　うーん。

9　フビライ・ハーンの霊言を終えて

地球ではメジャーとは言えない、フビライの考え

大川隆法　（手を二回打つ）何だか、『聖書』から流れている二つの流れの、一つの主流のような感じではありますね。

里村　はい。

大川隆法　これがどういう意味なのかは分かりませんが、やはり、（地球は）まだ完全に一元にはなっていないのでしょう。

もちろん、星によっては、主導権をどちらが握《にぎ》るかで、違う場合もあるかもしれま

せんけれども。確かに、「恐怖《きょうふ》」や「武力」が支配しているところも多いかもしれませんし、「平和」というのは、その一部にしかすぎないかもしれません。

向こうから見れば、私たちは、蟷螂《とうろう》の斧《おの》のように見えているらしいので、「何十億人か支配しなければ、相手ではない」ということのようですね。

里村　霊人が挙《あ》げていた「嫌な人リスト」の方がたは、確かに、破壊もしたけれども、そのあと自由が広がったり、文明が進んだりしたという部分があるので、やはり、フビライ皇帝とは違うなという感じはします。

大川隆法　いやあ、なかなか大変そうですね。もし、元寇《げんこう》二回の仕返しで、原爆二発を落としたというなら、大変な相手です。これは大変ですよ。

里村　はい。

大川隆法　そうすると、ここは、今、当会が「歴史観の見直し」をやっているところとも、まさしく、ぶつかっているところではないでしょうか。

里村　確かにそうです。

大川隆法　「正しい歴史認識とは何か」のところです。そこが、まさしく、ぶつかっているところなのではないでしょうか。きっと。いや、これは大変ですね。

里村　はい。

大川隆法　まあ、しかたないですね。新聞でも考え方が違うぐらいですから、そういうことはあるでしょう。どちらがメジャーになるかどうか。

時期や、時代によってメジャーになるものが違うときには、確かに、人々の信仰や思想も変わってくるのかもしれません。ただ、この人が好きなタイプの人は、私たちから見ると、地獄と思われる所によく行っているようなので、「こちらのほうが、本当はまだメジャーなのではないか」という気がします。

今、「地球的正義」をめぐる、考え方の戦いが起きている

大川隆法　アメリカの繁栄もありますが、まだ短く、それほど長いものではありませんので、今、「長い繁栄とは何か」ということと、「世界性とは何か」ということを真に考えるべきときが来ているのでしょう。ナポレオンやシーザー、アレキサンダーたちも、昔の時代に「世界性」をつくろうとしたのだろうと思いますが、いずれ、このへんも調べていかないといけないかもしれません。

とにかく、(フビライからは)「小さい、小さい」ということで、バカにされているようです。

いや、これは、どうなのでしょうか。こういうスクープも「あり」でしょうか。

里村　フビライ皇帝が、まさか、ユダヤ教まで霊的につながっているとは思いませんでした。私もたいへん驚《おどろ》きました。

大川隆法　スクープでしょうか。何だか分かりませんが、何となく、ある意味での世界計画の一端《いったん》なのかもしれません。ホラかもしれませんが、ありうるシナリオでもあります。確かに、中国を動かしている裏のシナリオは、こういうシナリオではありますね。

最初、アメリカに「世界を半分こしよう」と持ちかけて、その間に勢力が引っ繰り返ったならば、アメリカを支配しようとするし、ヨーロッパも支配に入ろうとするでしょう。それは間違いありません。

里村　まさに、元《げん》が南宋《なんそう》を滅《ほろ》ぼしたパターンと同じです。

大川隆法　それをやろうとしているようですね。

だから、「高いビルを中国にやたら建てたがる男がいたら、それだ」ということかもしれません。

里村　はい。

大川隆法　「神風」は、高層ビルに強くないのかな？　備えているのかな？

里村　中国のビルだと、神風で倒《たお》れるかもしれません（笑）。

大川隆法　日本神道の神々も、何か策を立てないといけないでしょうね。

もし、フビライのその後の転生がフランクリン・ルーズベルトだったのなら、「彼は、日本の密教とかに呪詛《じゅそ》されて、呪《のろ》い殺されたらしい」ということになっているので、弘法大師《こうぼうだいし》あたりも、敵に当たるのかもしれません。

さあ、「地球的正義」をめぐっての、考え方の戦いです。まあ、一つの参考にしましょう。まだ、これだけでは終わらないので、ほかにも、もう少し探っていかないといけないでしょう。

それでは、以上です。

里村　ありがとうございました。

あとがき

今の中国の軍事的拡張路線とアメリカ合衆国の軍事的撤退の流れの中で、中韓米で秘《ひそ》かに進められている「日本降伏計画」のアウトラインが本書ではよくわかるだろう。

私はこの流れに抗《こう》し、日本を護り、世界の正義を樹立すべく、二〇〇九年に『幸福実現党』を旗揚げしたが、まだマスコミの大半、一部の人たちを除く国会議員、民意も、その事の重大さがわかってはいない。

今明かされる霊的真実は、かつての「ヨハネの黙示録《もくしろく》」よりも、もっと恐《こわ》くて、具体的で、時間的にも切迫しているものだろう。

しかし、大川隆法が言論の銃弾を撃ち続け、「幸福の科学」に天命が共にある限り、この国は破れない。三度《みたび》、神風を吹かせる前に、味方の勢力を結集したいと思う。

二〇一四年　四月二十六日

幸福《こうふく》の科学《かがく》グループ創始者兼総裁《そうししゃけんそうさい》　大川隆法《おおかわりゅうほう》

『フビライ・ハーンの霊言』大川隆法著作関連書籍

『小保方晴子さん守護霊インタビュー　それでも「ＳＴＡＰ細胞」は存在する』（幸福の科学出版刊）

『オバマ大統領の新・守護霊メッセージ』（同右）

『プーチン大統領の新・守護霊メッセージ』（同右）

『項羽と劉邦の霊言　項羽編──勇気とは何か』（同右）

『項羽と劉邦の霊言　劉邦編──天下統一の秘術』（同右）

『安重根は韓国の英雄か、それとも悪魔か』（同右）

『守護霊インタビュー　朴槿惠韓国大統領　なぜ、私は「反日」なのか』（同右）

『民主党亡国論』（同右）

『北条時宗の霊言』（幸福実現党刊）

『原爆投下は人類への罪か？』（同右）

『世界皇帝をめざす男』（同右）

フビライ・ハーンの霊言
―― 世界帝国・集団的自衛権・憲法９条を問う ――

2014年 5月 2日　初版第１刷

著　者　　大《おお》川《かわ》隆《りゅう》法《ほう》

発行所　　幸福の科学出版株式会社

〒107-0052 東京都港区赤坂２丁目10番14号
TEL(03)5573-7700
http://www.irhpress.co.jp/

印刷・製本　株式会社 東京研文社

落丁・乱丁本はおとりかえいたします

ISBN978-4-86395-469-4 C0030

写真：代表撮影／ロイター／アフロ、提供：The Bridgeman Art Library/ アフロ 、時事

大川隆法 ベストセラーズ・忍耐の時代を生き抜く

忍耐の法
「常識」を逆転させるために

人生のあらゆる苦難を乗り越え、夢や志を実現させる方法が、この一冊に――。混迷の現代を生きるすべての人に贈る「法シリーズ」第20作!

2,000円

「正しき心の探究」の大切さ

靖国参拝批判、中・韓・米の歴史認識……。「真実の歴史観」と「神の正義」とは何かを示し、日本に立ちはだかる問題を解決する、2014年新春提言。

1,500円

忍耐の時代の経営戦略
企業の命運を握る3つの成長戦略

2014年以降のマクロ経済の動向を的確に予測! 厳しい時代に突入する日本において、企業と個人がとるべき「サバイバル戦略」を示す。

10,000円

幸福の科学出版

※表示価格は本体価格(税別)です。

大川隆法霊言シリーズ・日本の外交へのヒント

プーチン大統領の新・守護霊メッセージ

独裁者か？　新時代のリーダーか？　ウクライナ問題の真相、アメリカの矛盾と限界、日露関係の未来など、驚くべき本心が語られる。

1,400円

オバマ大統領の新・守護霊メッセージ

英語霊言
日本語訳付き

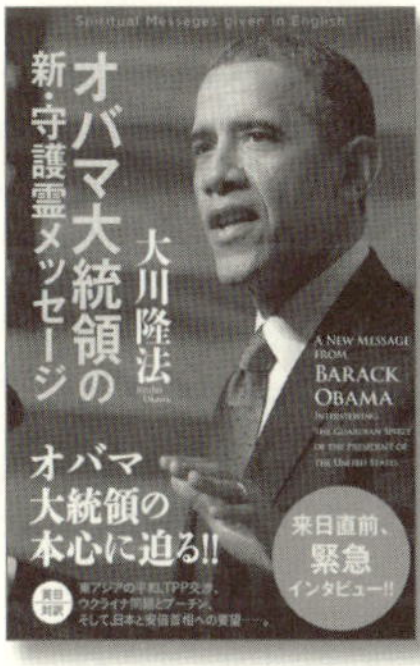

日中韓問題、ＴＰＰ交渉、ウクライナ問題、安倍首相への要望……。来日直前のオバマ大統領の本音に迫った、緊急守護霊インタビュー！

1,400円

「忍耐の時代」の外交戦略 チャーチルの霊言

もしチャーチルなら、どんな外交戦略を立てるのか？“ヒトラーを倒した男”が語る、ウクライナ問題のゆくえと日米・日露外交の未来図とは。

1,400円

大川隆法霊言シリーズ・朝鮮半島の未来を読み解く

広開土王の霊言 朝鮮半島の危機と未来について

朝鮮半島最大の英雄が降臨し、東アジアの平和のために、緊急提言。朝鮮半島が侵略され続けてきた理由、そして、日韓が進むべき未来とは。

1,400円

守護霊インタビュー
朴槿惠韓国大統領 なぜ、私は「反日」なのか

従軍慰安婦問題、告げ口外交。なぜ朴槿惠大統領は反日・親中路線を強めるのか？　その隠された本心と魂のルーツが明らかに！

1,500円

北朝鮮の未来透視に挑戦する
エドガー・ケイシー　リーディング

第２次朝鮮戦争勃発!?　核保有国となった北朝鮮と、その挑発に乗った韓国が激突。地獄に堕ちた“建国の父”金日成の霊言も同時収録。

1,400円

※表示価格は本体価格（税別）です。

大川隆法霊言シリーズ・日本をとりまく「米中」の思惑

中国と習近平に未来はあるか

反日デモの謎を解く

「反日デモ」も、「反原発・沖縄基地問題」も、中国が仕組んだ日本占領への布石だった。緊迫する日中関係の未来を習近平の守護霊に問う。
【幸福実現党刊】

1,400円

世界皇帝をめざす男

習近平の本心に迫る

中国の習近平・国家主席の守護霊が語る「大中華帝国」が目指す版図とは？　恐るべき同氏の過去世とは。【幸福実現党刊】

1,300円

原爆投下は人類への罪か？

公開霊言
トルーマン＆F・ルーズベルトの新証言

なぜ、終戦間際にアメリカは日本に２度も原爆を落としたのか？「憲法改正」を語る上で避けては通れない難題に挑む。【幸福実現党刊】

1,400円

幸福の科学出版

幸福の科学グループのご案内

宗教、教育、政治、出版などの活動を通じて、地球的ユートピアの実現を目指しています。

宗教法人　幸福の科学

一九八六年に立宗。一九九一年に宗教法人格を取得。信仰の対象は、地球系霊団の最高大霊、主エル・カンターレ。世界百カ国以上の国々に信者を持ち、全人類救済という尊い使命のもと、信者は、「愛」と「悟り」と「ユートピア建設」の教えの実践、伝道に励んでいます。

（二〇一四年四月現在）

愛

幸福の科学の「愛」とは、与える愛です。これは、仏教の慈悲《じひ》や布施《ふせ》の精神と同じことです。信者は、仏法真理をお伝えすることを通して、多くの方に幸福な人生を送っていただくための活動に励んでいます。

悟り

「悟り」とは、自らが仏の子であることを知るということです。教学《きょうがく》や精神統一によって心を磨き、智慧《ちえ》を得て悩みを解決すると共に、天使・菩薩《ぼさつ》の境地を目指し、より多くの人を救える力を身につけていきます。

ユートピア建設

私たち人間は、地上に理想世界を建設するという尊い使命を持って生まれてきています。社会の悪を押しとどめ、善を推し進めるために、信者はさまざまな活動に積極的に参加しています。

海外支援・災害支援

国内外の世界で貧困や災害、心の病で苦しんでいる人々に対しては、現地メンバーや支援団体と連携して、物心両面にわたり、あらゆる手段で手を差し伸べています。

自殺を減らそうキャンペーン

年間約３万人の自殺者を減らすため、全国各地で街頭キャンペーンを展開しています。

公式サイト　www.withyou-hs.net

ヘレンの会

ヘレン・ケラーを理想として活動する、ハンディキャップを持つ方とボランティアの会です。視聴覚障害者、肢体不自由な方々に仏法真理を学んでいただくための、さまざまなサポートをしています。

公式サイト　www.helen-hs.net

INFORMATION

お近くの精舎・支部・拠点など、お問い合わせは、こちらまで！

幸福の科学サービスセンター

TEL. 03-5793-1727（受付時間 火〜金：10〜20時／土・日：10〜18時）

宗教法人 幸福の科学 公式サイト　happy-science.jp

教育

学校法人 幸福の科学学園

学校法人 幸福の科学学園は、幸福の科学の教育理念のもとにつくられた教育機関です。人間にとって最も大切な宗教教育の導入を通じて精神性を高めながら、ユートピア建設に貢献する人材輩出を目指しています。

幸福の科学学園

中学校・高等学校（那須本校）
2010年4月開校・栃木県那須郡（男女共学・全寮制）
TEL **0287-75-7777**
公式サイト **happy-science.ac.jp**

関西中学校・高等学校（関西校）
2013年4月開校・滋賀県大津市（男女共学・寮及び通学）
TEL **077-573-7774**
公式サイト **kansai.happy-science.ac.jp**

幸福の科学大学（仮称・設置認可申請中）
2015年開学予定
TEL **03-6277-7248**（幸福の科学 大学準備室）
公式サイト **university.happy-science.jp**

仏法真理塾「サクセスNo.1」 TEL **03-5750-0747**（東京本校）

小・中・高校生が、信仰教育を基礎にしながら、「勉強も『心の修行』」と考えて学んでいます。

不登校児支援スクール「ネバー・マインド」 TEL **03-5750-1741**

心の面からのアプローチを重視して、不登校の子供たちを支援しています。
また、障害児支援の**「ユー・アー・エンゼル!」**運動も行っています。

エンゼルプランV TEL **03-5750-0757**

幼少時からの心の教育を大切にして、信仰をベースにした幼児教育を行っています。

シニア・プラン21 TEL **03-6384-0778**

希望に満ちた生涯現役人生のために、年齢を問わず、多くの方が学んでいます。

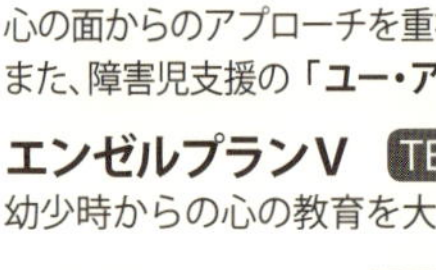

学校からのいじめ追放を目指し、さまざまな社会提言をしています。また、各地でのシンポジウムや学校への啓発ポスター掲示等に取り組むNPO「いじめから子供を守ろう！ネットワーク」を支援しています。

公式サイト **mamoro.org**
相談窓口 **TEL.03-5719-2170**
ブログ **mamoro.blog86.fc2.com**

政治

幸福実現党

内《ない》憂《ゆう》外《がい》患《かん》の国難に立ち向かうべく、二〇〇九年五月に幸福実現党を立党しました。創立者である大川隆法党総裁の精神的指導のもと、宗教だけでは解決できない問題に取り組み、幸福を具体化するための力になっています。

党員の機関紙
「幸福実現NEWS」

TEL 03-6441-0754
公式サイト hr-party.jp

出版メディア事業

幸福の科学出版

大川隆法総裁の仏法真理の書を中心に、ビジネス、自己啓発、小説など、さまざまなジャンルの書籍・雑誌を出版しています。他にも、映画事業、文学・学術発展のための振興事業、テレビ・ラジオ番組の提供など、幸福の科学文化を広げる事業を行っています。

アー・ユー・ハッピー?
are-you-happy.com

ザ・リバティ
the-liberty.com

幸福の科学出版
TEL 03-5573-7700
公式サイト irhpress.co.jp

THE FACT

ザ・ファクト
マスコミが報道しない
「事実」を世界に伝える
ネット・オピニオン番組

Youtubeにて
随時好評配信中!

ザ・ファクト 検索

入会のご案内

あなたも、幸福の科学に集い、ほんとうの幸福を見つけてみませんか？

幸福の科学では、大川隆法総裁が説く仏法真理をもとに、「どうすれば幸福になれるのか、また、他の人を幸福にできるのか」を学び、実践しています。

入会

大川隆法総裁の教えを信じ、学ぼうとする方なら、どなたでも入会できます。入会された方には、『入会版「正心法語」』が授与されます。（入会の奉納は1,000円目安です）

ネットでも**入会**できます。詳しくは、下記URLへ。
happy-science.jp/joinus

三帰《さんき》誓願《せいがん》

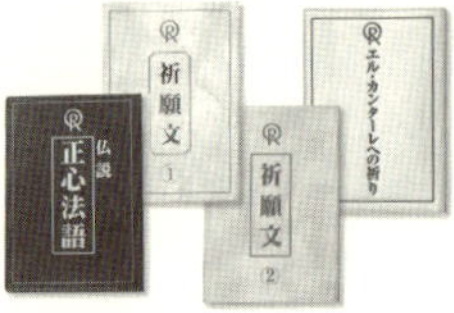

仏弟子としてさらに信仰を深めたい方は、仏・法・僧の三宝への帰依を誓う「三帰誓願式」を受けることができます。三帰誓願者には、『仏説・正心法語』『祈願文①』『祈願文②』『エル・カンターレへの祈り』が授与されます。

植福《しょくふく》の会

植福は、ユートピア建設のために、自分の富を差し出す尊い布施の行為です。布施の機会として、毎月1口1,000円からお申込みいただける、「植福の会」がございます。

「植福の会」に参加された方のうちご希望の方には、幸福の科学の小冊子（毎月1回）をお送りいたします。詳しくは、下記の電話番号までお問い合わせください。

月刊「幸福の科学」

ザ・伝道

ヤング・ブッダ

ヘルメス・エンゼルズ